주식으로 부자됩시다

# 주식으로 부자됩시다

초판 1쇄 인쇄 ㅣ 2026년 4월 1일
초판 2쇄 발행 ㅣ 2026년 4월 30일

지은이 ㅣ 박세익
기　획 ㅣ 임성민

발행인 ㅣ 정병철
발행처 ㅣ ㈜이든하우스출판
등　록 ㅣ 2021년 5월 7일 제2021-000134호

주　소 ㅣ 서울시 마포구 양화로 133 서교타워 1201호
전　화 ㅣ 02-323-1410
팩　스 ㅣ 02-6499-1411
이메일 ㅣ eden@knomad.co.kr
ISBN ㅣ 979-11-94353-49-2 (13320)



㈜이든하우스출판은 여러분의 소중한 원고를 기다립니다.
책에 대한 아이디어와 원고가 있다면 메일 주소 eden@knomad.co.kr로 보내주세요.

# 주식으로



# 부자됩시다

박세익 지음(feat. 임성민)

## 행복한 투자 여정을 위한 안내서

절대 흔들리지 않는 투자의 원칙

던킨 도너츠를 먹어보고 줄이 길게 서 있는 것을 보았다면,

그것이 분석의 시작이다.

- 피터 린치

## 우리가 꿈꾸는 경제적 자유가 있는
## 그곳까지 안전하게 도달하기 위해

공자님은 나이 50을 '지천명知天命'이라고 말씀하셨다. 하늘이 내게 준 사명을 알게 된다는 뜻이다. 2020년 1분기에 코로나19 팬데믹 발발로 폭락했던 글로벌 주식 시장은 연준이 전격적으로 금리를 인하하면서 다시 폭등했다. 그때 내 나이가 딱 50이 되는 해였는데, 공교롭게도 '동학 개미의 스승'이라는 타이틀을 얻었다.

2019년까지만 해도 나는 5,000억 원이 넘는 돈을 운용하는 중견 투자자문사의 CIO를 맡고 있었다. 고객 대부분이 연기금,

보험사, 은행, 정부기관 등의 거대 자금을 운용하는 '기관'이었기 때문에 일반 투자자들에게는 잘 알려지지 않은 펀드 매니저였다. 그러다 2020년 3월 코로나19로 국내외 주식 시장이 30% 넘게 폭락했고, 이후 급등하는 과정에서 수많은 개인 투자자가 새로이 시장에 유입되었다. 필자의 눈에 아직 주식 투자에 관한 기본기도 갖추지 못한 투자자들이 자의 반, 시장 분위기 반으로 용감하게 시장에 뛰어드는 모습은 마치 여름철 더위를 피해 바다로 뛰어드는 어린아이들 같았다. 조금 더 냉정히 말하자면 가벼운 운동화와 반팔 티셔츠만 입고 호기롭게 K2 정상을 오르겠다고 나선 사람들에 가까웠다. 인류 최고의 천재라는 아인슈타인과 뉴턴도 실패한 주식 시장에서 경제적 자유를 얻겠다는 꿈을 안고서 말이다.

'주린이'들이 큰 부상 없이 무사히 귀가했으면 하는 바람으로 필자는 지난 5년간 여러 경제 관련 방송과 유튜브 채널에 출연해 그때그때 시황에 따른 시장 전망과 전략을 제시했다. 은행, 증권사 PB들을 위한 강의도 정말 많이 했다. 매번 고기를 잡아 주는 것보다 고기 잡는 법, 실력을 키워 주는 쪽이 더 시급하고 중요하다고 생각해서다.

이런 노력과 진정성을 보고 누군가가 '동학 개미의 스승'이라는 별칭을 붙여 준 듯하다. 감사한 마음이 훨씬 더 크지만, 이 부담스러운 닉네임 때문에 주말이 사라진 측면도 있다. 전 세계 최초로 자산운용사가 대중에게, 그것도 라이브로 아침 운용회의를 공개한 '체슬리 모닝 브리프'를 비롯해 한 달 평균 세 번꼴로 출연하는 경제 방송 덕에 쉴 시간이 없어졌기 때문이다. 웬만한 경제 유튜브 채널에서는 조회 수 1등을 기록할 만큼 많은 투자자들이 필자의 시장 전망과 전략에 의지하고 있다는 사실을 잘 알아 5년간 주말에 쉰 적이 거의 없었다.

필자를 신뢰하고 의지하는 투자자들을 위해 나의 전망이 절대 틀리면 안 된다는 강박감과 치밀한 준비에도 불구하고, 주식시장은 난공불락의 거대한 성 같았다. 시장의 IQ가 2만이 넘는다는 것은 옛말, 이젠 20만이 되어 가는 것 같은데 정작 내 IQ는 갈수록 낮아지는 느낌도 받는다. 100년 역사를 자랑하는 메이저리그에도 5할이 넘는 타자가 없는데, 어쩌면 필자는 불가능한 목표를 지향했던 듯하다.

유튜브의 악플은 친절하게도 필자가 언제 어디서 무엇을 어떻게 틀렸는지 아주 잘 지적해 준다. 2022년 3월 첫 금리 인상 때 자신 있게 피력했던 상승 시나리오가 보기 좋게 어긋났고, 2025년 "9~10월 주가 조정 가능성에 대비하라"고 했던 신중론은 반도체주 급등으로 엉터리 전망이 되고 말았다.

한번은 전혀 방송에 안 나가는 펀드 매니저 후배가 물었다.



주식으로 부자됩시다

"형! 방송 나가서 얘기하다가 틀리면 어떡하려고 그래? 욕 바가지로 먹을 건데, 그 뒷감당 어쩌려고." 그때 나는 이렇게 대답했다. "나도 잘 알지. 하지만, 우리는 프로잖아. 일반인들보다는 우리가 훨씬 투자 경험도 많고, 공부도 또 분석도 많이 하니까. 유튜브나 주식 관련 방송을 보면 투자자들을 호도하는 약장사들이 난립하는 바람에 순진한 투자자들에게 피해를 많이 주잖아. 우리 같은 제도권 펀드 매니저들이 나가서 맞든 틀리든 얘기해 줘야지. 우리 전망이 그래도 일반인들보다는 맞을 확률이 훨씬 더 높잖아." 그 후배는 지금도 방송에 출연하지 않는다. 자신의 전망이 틀렸을 때 감내해야 할 레퓨테이션 리스크reputation risk가 너무 크다고 생각하기 때문일 거다.

코로나19 이후 지금까지 많은 투자자가 주식 투자를 통해 희망과 기쁨, 좌절과 슬픔을 느꼈을 것이다. 그중에는 꼼꼼하게 투자 일기나 블로그 등을 쓰면서 꾸준히 실력을 쌓아 가는 사람도 있고, 시장과 상관없이 번번이 발생하는 큰 손실에 자괴감과 패배감에 빠져 투자를 그만둘까 고민하는 투자자도 있을 것이다. 어느 분야든 마찬가지지만 성공하는 투자를 위해 가장 중요한 것은 '꺾이지 않는 마음'이다. 올바른 투자 습관과 원칙을 세워 내가 투자의 고수가 될 때까지 꾸준히 노력하는 자세가 중요하다.

이 책은 유튜브 체슬리TV 채널에서 누적 조회 수 700만 회가 넘는 인기 콘텐츠인 '박세익 전무 투자법' 쇼츠를 전담하는 임성민 감독이 기획하고 집필도 도와주었다. 임 감독은 체슬리AI 홈페이지에 매일 '임감독의 증시만평'도 연재한다. 또 내가 속한 조기 축구팀의 감독도 맡고 있다. (그는 전직 축구선수다.) 무엇보다 내가 방송에서 절대 관심도 갖지 말라고 여러 번 강조했던 '파생derivatives' 상품 매매법을 전수한 나의 유일한 파생 제자다. 선물futures, 옵션options과 같은 파생 상품은 사무라이의 검과 같다. 어설픈 실력으로 덤비면 순식간에 깡통 차게 되는 매우 위험한 '금융 상품'이다. 이 시장은 '시장 분석', '기본적 분석', '기술적 분석'뿐 아니라 철저한 자기 관리와 절제, 결단력이 요구되는 곳이다.

임 감독은 지난 5년간 내가 한 모든 강의와 방송을 섭렵하고, 그 내용을 꼼꼼하게 블로그에 정리하고 공부해 온 일명 '박세익 전문가'다. 그는 내가 갖지 못한 뛰어난 운동신경과 순발력, 그리고 강인한 정신력과 지구력으로 어느새 변동성 심한 한국 주식 시장에 빠르게 적응했다. '지피지기 백전불태知彼知己 白戰不殆!' 나는 그가 주식 시장의 본질과 속성을 알고, 또 자신을 잘 제어하고 통제할 수 있다는 걸 알고 있다. 그래서 2024년 가을 코스피 2,500이 깨졌던 어느 날 "이제 한번 해 봐라"고 하며 파생 투자법을 전수했다. 이후 '계엄', '트럼프 관세 폭탄', '환율 급등' 같은 여러 이벤트 속에서 코스피가 2,284 저점을 찍고 10개월도 안 되어 5,000


주식으로 부자됩시다

선을 돌파하는 고난이도 변동성장 속에서도 '파생으로 돈 버는 프로 트레이더'로 거듭났다. 나의 오랜 믿음인 "Anyone can cook"을 입증한, 또 한 명의 대한민국 금융 고수가 탄생한 것이다. 올바른 투자 원칙과 열정, 인내를 갖고 꾸준히 노력하면 누구나 투자의 고수가 될 수 있다.

이 책은 크게 4부로 구성되어 있다. 1부 '무엇을 볼 것인가'는 시장의 흐름과 판을 읽는 법을, 2부 '무엇을 살 것인가'는 기업을 보는 법을, 3부 '어떻게 버틸 것인가'는 시장의 변동성을 견디고 나를 다스리는 법을, 4부 '언제 사고 언제 팔 것인가'는 행동하는 법을 설명한다. 나는 이 책을 집필하면서 세 가지 원칙을 지키고자 노력했다. "쉽고! 유익하고! 재밌게!"

이 책을 통해 우리 투자자들이 시장의 속성을 정확히 이해하고 올바른 투자 원칙을 정립하여 적절한 위험 관리와 자기 통제를 통해 모두가 꿈꾸는 경제적 자유가 있는 그곳까지 안전하게 도달하기를 바란다. 그리고 그 과정이 마음 졸이지 않고 행복한 투자의 여정이 되기를 진심으로 소망한다.

**2026년 봄의 문턱에서**
**박세익**

<h1 style="text-align:center">차례</h1>


004    **프롤로그** 우리가 꿈꾸는 경제적 자유가 있는
그곳까지 안전하게 도달하기 위해

## 1부   무엇을 볼 것인가-시장의 흐름과 판을 읽는 법

015    1. 인플레이션 1: 아버지가 가르쳐 준 공식이
더 이상 통하지 않는 이유

030    2. 인플레이션 2: 인플레, 핵심 우량 자산으로 때려잡자

041    3. 내가 왕이 될 상인가: 관상과 주식,
바람을 읽는 자만이 살아남는다

068    4. 바람을 보는 자, 파도도 읽는다: 기본적 분석과
기술적 분석의 진짜 조화

## 2부   무엇을 살 것인가-기업을 보는 법

079    1. 단순함 1: 단순함은 최고의 무기다

091    2. 단순함 2: 1등만 사자

105    3. 주식은 좌완 파이어볼러 찾기

117    4. 해자를 찾는 가장 쉬운 방법

## 3부  어떻게 버틸 것인가-시장의 변동성을 견디고 나를 다스리는 법

131    1. 로마제국의 몰락: 영원한 주식 판은 없다

146    2. 숨은 하늘이 주는 것이다

155    3. 평경장은 고니에게 왜 손가락을 자르라고 했을까

165    4. 나폴레옹은 어떻게 승리하고 왜 몰락했을까: 유연함과 고집의 결과

179    5. 돌발 악재가 터지면 주식을 던져라? 10년 흐름을 보자

190    6. 농구 황제가 가르쳐 준 주식 판에서 끝까지 살아남는 단 하나의 비밀

203    7. 성시경이 후회할 때 버핏은 신문을 읽는다


## 4부  언제 사고 언제 팔 것인가-행동하는 법

213    1. 하나만 잘해도 먹고산다

222    2. 주식은 확률 베팅이다: 타짜가 잡아내는 뻥카

233    3. 액션 1: 아직도 안 하셨나요

243    4. 액션 2: 평범한 투자자를 고수로 만드는 3파 매수법

259    5. 시장가로 대박 난 에어비앤비

273    6. 반토막 난 주식 손절할까, 버틸까


284    **에필로그** 냉탕과 온탕 사이, 내가 받은 진짜 '선물'

# 1부 무엇을 볼 것인가

JOURNEY

WEALTH

시장의 흐름과 판을 읽는 법

# 인플레이션 1:
## 아버지가 가르쳐 준 공식이
## 더 이상 통하지 않는 이유

JOURNEY TO WEALTH

인플레이션은 보이지 않는 세금이다.

- 밀턴 프리드먼

# 1980년대 금리 황금기

2015년 tvN에서 방영된 드라마 《응답하라 1988》에서 천재 바둑 기사 최택(박보검 분)이 우승 상금으로 5,000만 원을 받게 되자, 동네 사람들은 '5,000만 원'이란 거금을 어떻게 쓸 것인지에 대해 열띤 토론을 벌인다. 참고로 1988년 당시 소형 아파트 한 채가 1,000만 원이었다.

"좌우당간 목돈은 은행에다 딱 박아 두는 것이 젤로 안전하당께." 한일은행 행원 성동일(성동일 분)이 확신에 찬 목소리로 말했다. 그의 이야기를 들은 라미란(라미란 분)의 반응은 시큰둥했다. "은행이자, 그거 뭐 얼마나 한다고." 그녀는 은행이자 따위에는 관심도 없었다. "금리가 쪼까 떨어져 가꼬 뭐, 한 15%밖에 안 하지만…. 아~ 그래도 따박따박 이자 나오고 은행처럼 안전한 곳이 없재!" 성동일은 그래도 저축이 제일이라고 강조했다.

1988년 대한민국의 금리 수준과 경제 상황을 엿볼 수 있는

장면이다. 그런데 15%가 '쪼까 떨어진' 금리라고? 이 장면을 보는 우리는 웃음부터 나온다.

잠시 1980년대로 돌아가 보자. 당시 우리 아버지(가장)들은 매달 월급날이 오면 황토색 월급봉투를 들고 은행부터 달려갔다. "저축은 국력이다!" 은행 입구에는 이런 현수막이 걸려 있었다. 회사 사무실 벽에도, 동네 마을회관에도, 국민학교(현재는 초등학교) 복도에도 같은 문구가 붙어 있었다. "티끌 모아 태산!", "저축으로 풍요로운 내일을!" 등은 단순한 구호가 아니었다. 1980년대를 움직이게 한 굳건한 믿음이었다.

그런 시대에 "투자를 하겠다"고 말하면, "뭐? 투자를 한다고? 이런 정신 나간 놈. 그런 위험한 도박을 하겠다는 소리는 하지도 마라. 성실하게 일하고, 꾸준히 저축하면 부자가 될 수 있는데 무슨 투자야"라는 답을 들어야 했다. 이 믿음에는 그럴 만한 이유가 있었다.

1988년의 예금 금리는 10%대였다. 1980년대 초만 해도 16%가 넘었고, 1960~1970년대에는 무려 20~30%를 넘나들었다. 은행에 돈을 맡겨만 두어도 3할에 이르는 높은 이자가 나왔다는 꿈만 같은 얘기다.

1965년 10월 신문에 실린 한일은행(현 우리은행)
연 30% 정기예금 광고.

1978년 7월 신문에 실린 중소기업은행(현 기업은행)
연 20.1% 정기예금 광고.
마지막 20%대 금리 예금이었다.

1980년대 직장인들은 월급의 30%를 꼬박꼬박 적금에 넣었다. 10%가 넘는 이자가 복리로 불어나니 10년이면 목돈이 될 것

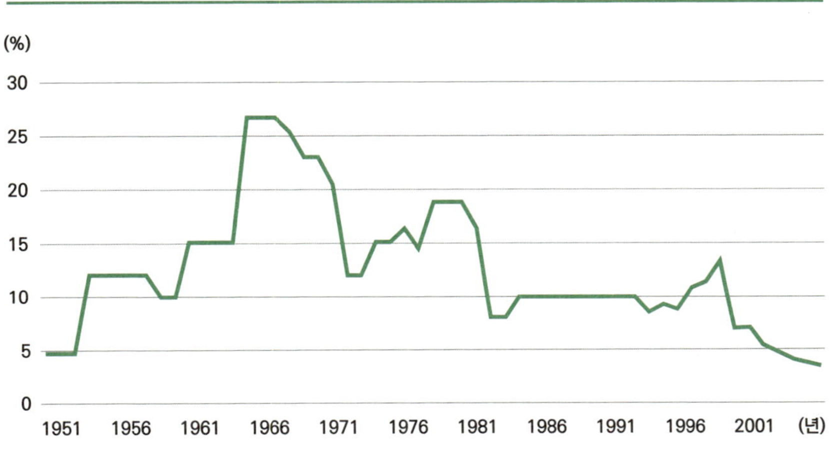



이고, 20년이면 서울에 집 한 채 살 수 있으리라고 믿었다. 실제로도 그랬다. 우리 부모님 세대는 20년간 월급을 모은 돈으로 집을 샀고, 30년간 성실하게 일해서 자식들을 대학교까지 졸업시켰다. 이 모든 것이 저축만으로 충분했다. 아니, 저축이 최선이었다. 아버지 세대에는 진짜로 '저축이 국력'이었고, '티끌 모아 태산'이 현실이었다.

# 아들 세대의 혼란

그들의 자식 세대인 우리도 어느새 40~50대가 되었다. 한창 아이 키우고 대출 갚으며 부모님의 40~50대와 다르지 않게 살고 있다. 직장에서 성실하게 일하고, 생활에서 열심히 절약한다. 절대 돈을 허투루 쓰지 않는다. 그럼 우리도 아버지처럼 돈을 많이 모았을까?

세상이 변했다. 두 자릿수(10% 이상)였던 금리가 1999년부터 6.90%(예금 금리)로 뚝 떨어졌다. 2000년대로 넘어와서도 계속 하락했고, 2015년부터는 연 1%대의 저금리가 이어졌다. 지금은 3% 이자도 고금리라고 한다.

"도대체 왜 이렇게 숨이 막히지? 아버지가 했던 것처럼 성실하게 살고 있는데." 그렇다. 아버지가 가르쳐 준 대로 했다. 가계부를 꼼꼼히 쓰고, 외식도 쉽게 하지 않는다. 물론 주식이나 코인 같은 '투자'도 하지 않았다. 아버지처럼 성실하게 일하고, 꾸준히 저축하고 있다. 그런데도 아버지 세대에게는 통했던 공식이 왜 더는 작동하지 않을까? 아버지는 집도 사고 살림도 잘 꾸렸는데 말이다. 상황이 바뀌었다. 지금의 1% 남짓한 이자로는 30년을 꼬박 저축해도 서울에 집 한 채 살 수 없는 것이 현실이다.

뭐가 잘못된 것일까? 그동안 도대체 무슨 일이 있었던 것일까?

# 통화량이 문제야

## 2000년대 초반

2000년대 초반에 통화량은 천천히 늘었다. M2(광의통화) 기준으로, 전 세계적으로 연 5% 안팎의 완만한 증가세였다. 미국, 유럽, 일본 같은 선진국도 상황이 비슷했다. 경제가 성장하니까 자연스럽게 돈도 조금씩 불어났다. 여기서 말하는 M2는 광의통화廣義通貨로, 실제로 유통되는 돈의 양을 나타낸다. 한자로 보면 광廣은 넓을 광, 의義는 뜻이나 의미를 뜻한다. 돈을 넓게 정의한 개념, 즉 넓은 의미의 통화라는 뜻이다.

좀 더 풀어서 살펴보자. 통화에는 협의통화 M1와 광의통화 M2가 있다. M1은 가장 좁은 개념의 돈이다. 현금과 당장 쓸 수 있는 수시 입출금 예금이 여기 속한다. M2는 M1보다 넓은 개념인데, M1에 단기 정기예금, 적금, MMF, CMA처럼 언제든 꺼내 쓸 수 있는 자산까지 포함한다. 쉽게 말해 M1은 지갑 속 돈, M2는 통장에 있는 돈과 쉽게 현금화할 수 있는 예금들이다. 2000년 당시 글로벌 M2는 약 26조 달러. 이 중 선진국만 22조 달러 가까이가 됐다. 과도하지 않았다. 금리도, 물가도 안정적이었다. 문제는 그다음부터였다.

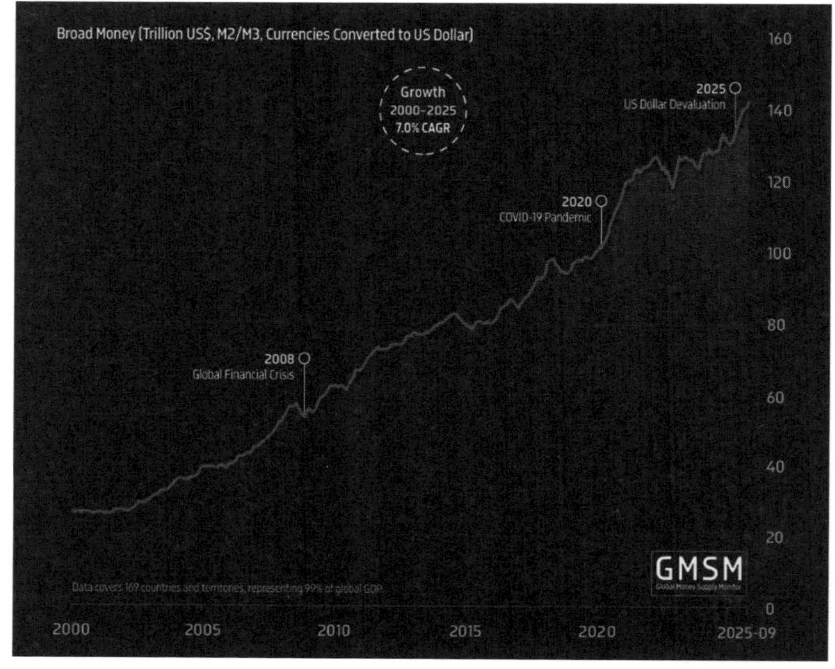



출처: GMSM, 에코노비스(Econovis)

## 2008~2015년

2008년 글로벌 금융위기가 터지자 미국, 유럽, 일본 등 주요국 중앙은행은 기준금리를 대폭 인하했다. 게다가 양적완화QE라는 이름으로 중앙은행이 시중에 직접 돈을 뿌리기 시작했다. 이 둘은 서로 긴밀하게 연결되어 있다. 기준금리를 낮추면 돈이 풀린



주식으로 부자됩시다

다. 중앙은행이 금리를 내리면 시중은행의 예금·대출 금리도 따라서 내려간다. 사람들은 예금 대신 대출을 늘리려 하고, 기업들도 투자 자금을 더 쉽게 조달할 수 있다. 결국 시중에 유동성(통화량)이 확 늘어나는 구조다.

2008~2015년, 미국과 유럽의 M2 증가율은 연 7~10% 수준까지 올라갔다. 과거와 비교해 2배 가까운 속도로 시장에 돈이 풀린 것이다. 이때부터 통화량 증가와 금리 인하, 돈 풀기와 초저금리 정책은 마치 세트처럼 움직이기 시작했다.

### 2000~2025년 미국 기준금리 변화

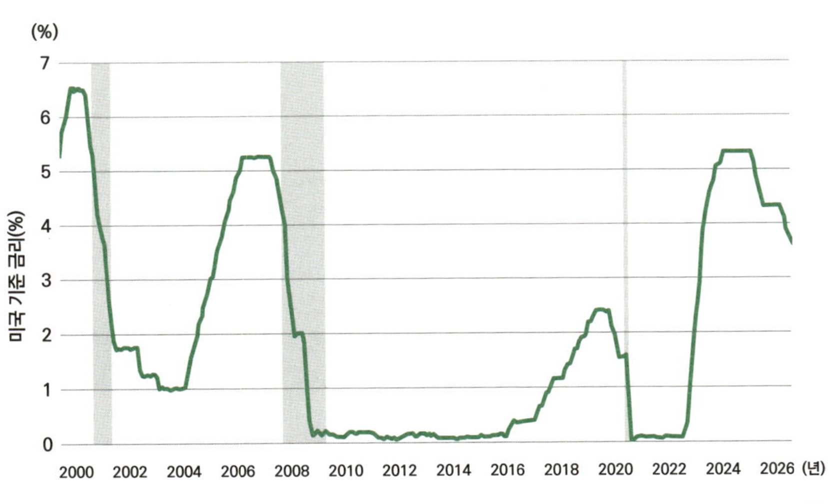


* 음영 처리된 영역은 미국 경기 침체기      출처: 미국 연방준비제도이사회

2020년에 코로나19 팬데믹이 전 세계를 강타했다. 각국은 경제 붕괴를 막기 위해 유례없는 자금을 쏟아부었다. 특히 미국 연방준비제도Fed는 자산 규모를 3조 달러 이상 확대했다. 연초 15.4조 달러였던 M2 통화량은 연말에 18.9조 달러로 치솟았다. 단 1년 만에 통화량이 약 23% 폭증한 것이다. 이 흐름은 멈추지 않았다. 2000년 약 26조 달러였던 글로벌 M2는 2023년 129조 달러에 육박했다. 20여 년 만에 5배나 불어났다. 2025년 말 기준 미국 M2는 22.4조 달러로, 다시 한번 사상 최고치를 갈아 치웠다.

금리가 낮아질수록 통화량이 늘어난다. 물론 예외도 있다. 금리를 낮춰도 사람들이 대출을 꺼리거나, 은행이 돈을 빌려주지 않거나, 경기가 너무 침체된 상황이라면 시장에 돈이 돌지 않는다. 하지만 중앙은행이 금리를 내린다는 것은 대체로 시장에 돈

**금리 변화에 따른 통화량 변화**

| 시기 | 금리 변화 | 통화량(M2) 변화 | 특징 |
|---|---|---|---|
| 2000~2004년 | 점진적 하락 | 완만한 증가(연 5%) | 경제 성장기, 금융 시장 확대 |
| 2008~2015년 | 급격한 인하 | 완만한 증가(연 5%) | 금융위기 대응, 양적완화 시작 |
| 2020~2025년 | 초저금리 유지 | 사상 최대 증가 | 팬데믹, 초대형 돈 풀기 |

을 더 풀겠다는 신호로 해석해도 무방하다.

2008년 이후, 돈은 다르게 움직이기 시작했다. 이전처럼 경제 성장에 따라 자연스럽게 불어나는 돈이 아니었다. 정책에 의해 인위적으로 늘어난 돈이었다. 특히 금리를 낮추는 것과 동시에 돈을 뿌리면서 통화량은 10% 이상씩 폭발적으로 증가했다. 그 돈은 결국 자산 시장으로 흘러 들어갔다.

여기서 우리가 얻을 수 있는 교훈은 분명하다. "돈이 풀리면, 반드시 무언가는 오른다." 금리가 내리고 돈이 풀리면 물가가 오른다. 그리고 우리는 조용히 가난해진다. 누가 돈을 훔쳐 간 것이 아니다. 잔고도, 월급도 조금씩은 올랐다. 그런데 이상하다. 마트에 가면 장바구니는 점점 가벼워지고 계산대에서 찍히는 금액은 점점 무거워진다.

"뭐가 이렇게 비싸졌지? 예전엔 이 정도면 한 바구니가 꽉 찼는데." 지금은 몇 개 집으면 10만 원이 훌쩍 넘는다. 같은 돈으로 살 수 있는 것이 확연히 줄었다. 어디선가 돈이 샌 것만 같다. 그렇다고 누가 내 지갑에 손댄 건 아니다. 아무도 내 통장에서 돈을 빼 가지 않았다. 그런데도 확실하게 뭔가를 잃고 있다. 그제야 눈치채게 된다. 이건 단순한 물가 상승이 아니라는 것을. 누군가가 아주 교묘한 방식으로 우리의 돈을 빼앗고 있다. 그 도둑의 이름은 인플레이션이다.

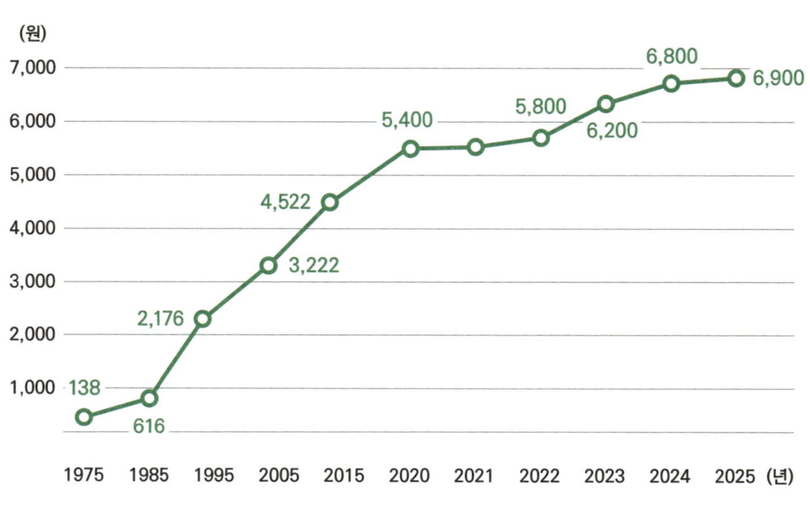



출처: (사)한국물가정보원( ~2015년), 한국소비자원 참가격 정보서비스(2020~2025년)

40년 전에 짜장면 한 그릇은 600원이었다. 언제든 부담 없이 시켜 먹을 수 있는, 서민을 대표하는 음식이었다. 지금은 짜장면 한 그릇이 평균 6,900원이다. 11배 이상 올랐다. 짜장면만이 아니다. 김밥, 순댓국, 삼겹살, 커피 한 잔까지 모두가 10배 이상 올랐다.

우리 월급은 40년 전보다 10배 이상 올랐을까? 또 그만큼 우리 자산도 늘었을까? 대부분은 그렇지 않을 것이다. 월급은 찔끔 올랐고, 자산은 그대로이거나 오히려 대출만 더 늘었다. 그런데 짜장면 가격은 10배가 됐다. 이 말인즉슨 돈의 가치가 10분의 1로 줄었다는 뜻이다.

이뿐만이 아니다. 돈의 구매력이 줄어드니 가족들과 외식도 덜 하고 여행도 덜 간다. 오래 탄 자동차, 오래 쓴 가전제품도 바꾸지 않고 계속 사용한다. 사는 방식이 단순해졌다. 미니멀 라이프의 유행에 감사해야 하는지도 모르겠다. 아니, 이런 이유로 미니멀 라이프가 유행하는 것인지도 모르겠다.


## 잔인한 세금

인플레이션은 잔인한 세금이다. 가난한 사람들을 더욱 심하게 타격하기 때문이다. 경제학자들의 이 오랜 경고가 현실이 되고 있다. 인플레이션이 닥치면 중산층도 물론 버거워하지만, 제일 혹독하게 고통을 겪는 이들은 저소득층이다. 이렇다 할 재산 없이 소량의 현금과 예금만 가진 저소득층에게 인플레이션은 그들이 가진 얼마 안 되는 돈의 가치마저 갉아먹기 때문이다.

더 심각한 것은 지출 구조의 차이다. 저소득층은 소득 대부분을 식료품, 주거비, 수도·광열비, 보건비 같은 생존과 직결된 필수품에 쓴다. 이러한 품목들은 가격이 올라도 소비를 줄이거나 대체하기가 어렵다. 하루에 한 끼만 먹거나, 겨울에 난방을 아예 끊어 버릴 수는 없기 때문이다. 그런데 인플레이션이 발생하면 필수재 가격이 가장 먼저 또 크게 오른다. 이런 이유로 저소득층은 물가 상승의 직격탄을 맞을 수밖에 없다.

2025년 1분기 통계청 가계동향조사 결과를 보면 충격적인 현실이 드러난다. 소득 하위 20% 가구는 생활필수품(식료품·비주류 음료, 주거·수도·광열, 보건)에 소비지출의 55.9%를 사용했다. 월평균 소비지출 135만 8,000원 중 절반 이상이 생존을 위한 필수품이었다. 최근 5년간 저소득층의 식비 부담은 약 40% 증가했다.

부자들은 어떨까? 그들에게는 인플레이션을 견딜 수 있는 체력이 있다. 소득 상위 20% 가구는 같은 항목에 37.9%만 지출했다. 월평균 소비지출이 520만 4,000원으로, 소득 하위 20%보다 약 3.8배 많으나 필수품 지출 비중은 오히려 낮다. 나머지는 교통, 교육, 여가 등 비필수 소비에 사용했다. 여기에 자산 포트폴리오를 조정하여 투자 수익으로 물가 상승분을 상쇄하거나 고정 수입원을 통해 안정적인 현금 흐름을 유지한다.

이것이 인플레이션의 진짜 얼굴이다. 인플레이션은 소리 없이 우리의 노동 가치를 조금씩 빼앗고, 가장 약한 사람들을 가장 먼저, 그리고 세게 때린다.

출처: 통계청

# 인플레이션 2:
## 인플레, 핵심 우량 자산으로 때려잡자

물은 쓸모가 크지만 흔해서 싸고,

다이아몬드는 쓸모가 적어도 귀해서 비싸다.

- 아담 스미스

활활 타오른 것이다.

이럴 때 투자자는 질문을 던져야 한다. "단순한 기술적 반등인가, 아니면 뭔가 더 깊은 변화가 있는가?" 실제로 그 뒤에는 '상법 개정'이라는 호재가 자리하고 있었다. 배당 확대, 자사주 매입, 기업 지배구조 개선 등 주주가치를 끌어올릴 만한 요소들이 반영되기 시작한 것이다. 차트를 예리하게 본 투자자는 이렇게 말할 수 있었을 것이다. "아, 이제 큰 변화가 시작됐구나."

## 장기 투자자일수록 차트를 봐야 한다

기술적 분석은 단타 매매자들만 쓰는 것이 아니다. 오히려 장기 투자자일수록 주봉, 월봉, 연봉 차트를 반드시 봐야 한다. 과거 5년, 10년 동안 이 기업의 장기 주가 차트는 어떤 흐름을 보였는지, 항상 박스권에서 움직였는지, 아니면 장기적인 성장 추세를 유지해 왔는지를 주의 깊게 봐야 한다.

예를 들어 어떤 기업이 장기 박스권에 갇혀 있다고 하자. 이렇게 되면 누구도 관심을 두지 않는다. 그런데 어느 순간부터 거래량이 폭발적으로 증가하고 마침내 박스권 상단을 대량 거래로 돌파한다. 투자자들은 이 시점을 기점으로 뭔가 본질적인 변화가 시작됐다는 사실을 눈치채야 한다. 차트는 시장의 잠재적 신뢰가 어떻게 실제 상승으로 이어지는지를 시각적으로 보여 주기 때문이다.

대표적인 사례가 팔란티어Palantir다. 2024년 2월 6일에 대량 거래를 일으키며 주가가 약 30% 급등했다. 전날 발표된 2023년 4분기 실적이 시장의 기대를 훨씬 웃돌았고, 무엇보다 2024년 실적 가이던스가 매우 강력했다. 특히 핵심 AI 플랫폼 '에이든'에 대한 수요가 폭발적으로 증가하고 있다는 점이 결정적이었다. 그리고 연이어 호재가 터졌다.

**팔란티어 2024년 2월 말~3월 중순 차트**

### ① 2월 말: 미 국방부와 8억 달러 계약 체결

2024년 2월, 팔란티어는 미 국방부DoD와 AI 데이터·분석 플랫폼 구축을 위한 대규모 계약 체결을 발표했다. 메이븐 스마트 시스템 Maven Smart System 관련 4억 8,000만 달러(최대 8억 달러 이상으로 증액 가능) 규모의 계약이었다. 미 국방부 내 주요 AI 프로젝트에 팔란티어 소프트웨어가 도입되는 의미 있는 이슈였다.

### ② 3월 초: AI 생산성 툴 '에이든'의 대기업 도입 소식

2024년 3월, 팔란티어의 AI 생산성 플랫폼(AIP, 일명 '에이든')이

대기업을 중심으로 빠르게 확산되고 있다는 소식이 잇따랐다. 실제로 2024년 1분기 미국 상업 부문 매출이 전년 대비 71% 급증했고, 웰그린스 등 대형 고객이 대규모로 AIP를 도입했다는 점이 강조됐다.

### ③ 3월 중순: 인텔리전스 기업들과의 대규모 협업 발표

2024년 3월 중순, 팔란티어는 에버폭스Everfox 등 정보·보안 분야 기업과 전략적 파트너십을 발표했다. 국방·정보기관 대상 AI/데이터 솔루션 협력을 확대했다. 팔란티어는 2024년 2월, 20달러대였던 주가가 불과 몇 달 만에 7배 넘게 올라 140달러대까지 상승했다.

**2023~2025년 팔란티어 주가 변화**

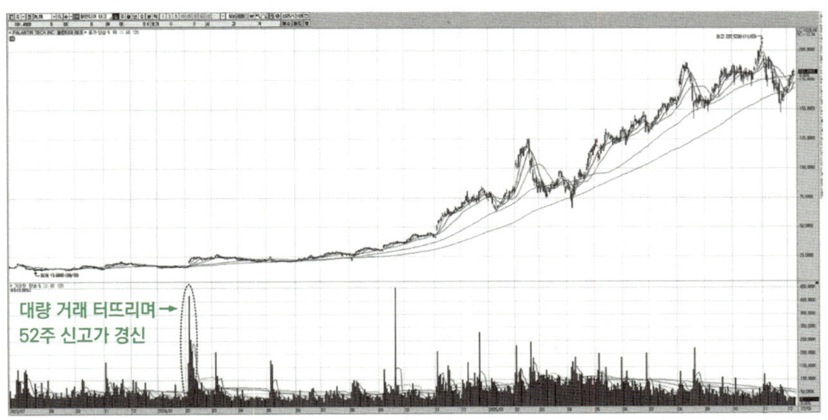

이 모든 뉴스가 나오기 전, 차트는 이미 투자자에게 말을 걸고 있었다. "거래량 급증, 장대양봉, 신고가 돌파했으니 나를 앞으로 주목해." 차트를 본다는 건 주가 그래프 너머에 있는 심리, 기억, 속도, 흐름을 읽는 일이다. 그 안에 기회가 있고, 때로는 경고도 있다.

영화 《관상》의 대사를 다시 보자. "시시각각 변하는 파도만 본 격이지. 바람을 보아야 하는데, 파도를 만드는 건 바람인데 말이오." 맞는 말이다. 하지만 바람은 눈에 보이지 않는다. 바람을 읽는 가장 좋은 방법은 차트를 통해 파도의 움직임을 감지하는 것이다.

결국, 투자란 눈에 보이지 않는 변화를 먼저 읽는 능력이다. 보이지 않는 기업의 가치, 보이지 않는 시장의 심리, 보이지 않는 수급 변화의 조짐 등. 그 모든 것을 가장 먼저 시각화하는 도구가 차

트다. 재무제표는 과거 특정 시점의 재무 상태와 이익 창출 능력
을 보여 주지만, 차트는 기업에 대한 모든 펀더멘털 변화를 실시
간으로 보여 준다. 이 둘을 함께 읽는 사람만이 주가의 미래를 말
할 수 있고, 이것이 기본적 분석과 함께 기술적 분석을 반드시 알
아야 하는 이유다.

# 2부 무엇을 살 것인가

JOURNEY

WEALTH

기업을 보는 법

# 1

# 단순함 1:
## 단순함은 최고의 무기다

JOURNEY TO WEALTH

단순함은 궁극의 정교함이다.

- 스티브 잡스

# 스티브 잡스의 철학에서 배우는 주식 투자 전략

1997년 여름, 캘리포니아 쿠퍼티노Cupertino에 위치한 애플 본사 회의실. 당시 회사는 붕괴 직전이었다. 1년도 안 되는 사이에 10억 달러가 넘는 적자를 기록했고, 경영진은 수십 개의 프로젝트와 제품을 관리하느라 허덕이고 있었다. 상황이 이런데도 누구도 회사의 방향성을 정하지 못했다. 애플은 파산 직전이었다. 그 순간 한 남자가 회의실 중앙으로 걸어 나왔다. 한때는 자신이 세운 회사에서 쫓겨났지만 12년 만에 애플로 돌아온 스티브 잡스Steve Jobs였다. 잡스는 화이트보드에 크게 'X'를 그린 뒤 단호하게 선언했다.

"우리는 앞으로 딱 네 가지 제품만 만든다. 소비자용/전문가용, 데스크톱/포터블. 나머지는 전부 없앤다."

그의 말에 회의실은 술렁였다. "뭐? 수익을 내고 있는 제품도 없앤다고?" 경영진은 도저히 잡스의 말을 이해할 수 없었다. "12년 만에 돌아와서도 여전히 자기 마음대로군. 저런 독선적인 언행 때

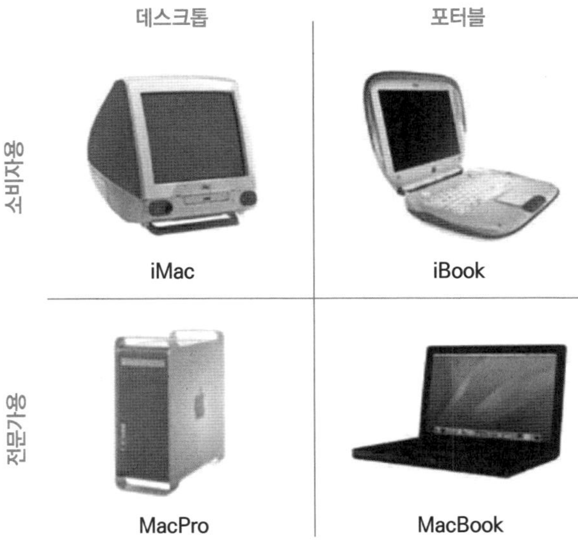



문에 지난번에도 잘려 놓고 또 그러네. 이번에 어디까지 갈지 한 번 두고 보자."

여러 반대에도 잡스는 거침없이 자신의 계획을 밀고 나갔다. 먼저 20개가 넘는 제품과 150개가 넘는 프로젝트를 정리했다. 불필요한 것은 전부 걷어 내고 제품의 본질적인 가치와 사용자 경험에만 집중했다. 이러한 단순화와 본질 추구라는 명확한 원칙 아래 탄생한 것이 아이맥iMac이었다. 아이맥은 복잡했던 당시 컴퓨터 시장에서 단순함을 무기로 내세웠다. 본체와 모니터가 하나로 합쳐진 올인원 디자인, 전원선 하나로 작동하는 직관적인 구조,

설명서 없이도 쉽게 터득 가능한 사용자 경험UX 등에 잡스의 철학이 완벽하게 담겨 있었다. 이 하나의 선택이 사라져 가던 애플을 회생시켰고, 전 세계에서 가장 가치 있는 기업으로 성장시키는 결정적인 출발점이었다.

스티브 잡스는 말했다. "단순함은 궁극적인 정교함이다." 복잡함은 혁신을 방해하고, 단순함은 사람을 움직인다. 그의 철학은 제품을 넘어 애플의 조직, 광고, 문화 전반에 스며들었다. 스티브 잡스는 단순함으로 세상을 바꿨다.


## 우리는 왜 쉽고 단순한 것에 매료될까?

인간은 본능적으로 단순함을 선호한다. 정확히 말하면 생존을 위해 그렇게 진화해 왔다. 잠시 원시시대로 가 보자. 매 순간이 생존을 위한 투쟁이었다. 수풀 속에서 갑자기 맹수가 나타났을 때, 우리 조상들이 '저 맹수는 어떤 종이지?', '얼마나 빠를까?', '내가 싸우면 이길 수 있을까?' 같은 복잡한 분석을 했다면 어땠을까. 그 자리에서 목숨을 잃었을 것이다. 하지만 뇌는 생사가 오가는 상황에서 빠르게 판단했다. 도망치거나 혹은 맞서 싸우거나.

단순한 선택지가 생존 확률을 극대화했다. 현대 사회는 원시


주식으로 부자됩시다

시대와는 비교할 수 없을 정도로 복잡하다. 매일 쏟아지는 방대한 정보에 따른 수많은 선택지 속에서 우리 뇌는 과부하를 느낀다. 문명은 발전했지만, 우리 뇌는 여전히 옛날 방식에 가깝다. 이때 뇌는 본능적으로 가장 익숙하고 효율적인 방식을 찾아 정보를 처리한다.

예를 들어 "인플레이션은 통화량 증가에 따른 화폐 가치가 떨어지면서 물가가 전반적으로 오르는 현상"이라고 설명한다면 머리에 쉽게 들어올까? 단번에 이해되지 않는다. 물론 정확한 설명이다. 그러나 경제 용어에 익숙하지 않은 사람에게는 어렵게 느껴질 수 있다. 이렇게 말한다면 어떨까? "예전에 1,000원 주고 마셨던 커피가 지금은 2,000원이야. 이게 인플레이션이야." 쉽다. 단번에 인플레이션을 이해할 수 있다.

그렇다면 투자도 쉽고 단순하게 할 수 없을까?


## 주식 투자도 쉽고 단순하게


주식 시장은 복잡함의 끝판왕이다. 연일 쏟아지는 뉴스와 GDP 성장률, 물가상승률, 금리, 환율 등 온갖 거시 지표가 초보 투자자를 쉽게 혼란에 빠뜨린다. 이런 복잡한 정보를 일일이 해석해 투자 결정을 내리는 것은 초보자에게 매우 어려운 일이다. “정보가 너무 많아서 뭐가 뭔지 모르겠어요.” “뉴스를 보면 더 불안해요.” “뭘 사야 하죠? 그리고 언제 팔아야 하죠?” 복잡함은 판단을 흐리게 하고, 행동을 멈추게 만든다. 투자는 쉽고 단순해야 한다. 초보 투자자라면 대형주부터 시작하는 것이 쉬운 첫걸음이다.

## 쉽고 단순한 대형주 투자

### 단순한 사업 구조

대형주는 사업 구조가 단순하다. 삼성전자가 반도체와 스마트폰으로, 현대자동차가 자동차를 팔아 돈을 번다는 사실은 누구나 알고 있다. 이처럼 사업 모델이 명확하고, 수익 구조가 단순한 기업은 이해가 쉽다. 예를 들어 ‘삼성전자는 반도체와 스마트폰이 매출의 70% 이상을 차지하니까 반도체 가격이 오르고 갤럭시 신제품 판매가 많아지면 실적도 좋아지겠네’라는 생각을 어렵지 않게 할 수 있다. 초보 투자자도 쉽게 판단의 근거를 찾을 수 있다. 투자 결정의 근거가 명확하면 투자가 쉬워진다. 투자의 대가 워런 버핏Warren Buffett도 “나는 내가 이해할 수 없는 사업에는 투자하지 않는다"라고 말했다.

반면 소형주는 사업 구조가 복잡한 경우가 많다. 특히 신생 기업이나 기술 기반 기업일수록 초보자가 이해하기 어렵다. 가령 작은 IT 기업이 "메타버스를 활용한 블록체인 기반 AI 플랫폼을 개발한다"고 발표했다. 말은 거창한데 무슨 말인지 직관적으로 이해하기 어렵다. 사업 모델이 모호하다는 것은 수익 구조 또한 불확실하다는 것을 의미한다. 또 사업이 성공할지 실패할지, 그리고 언제쯤 수익을 창출할 수 있을지 예측이 어렵다. 예측이 어려우면 추측에 의존해야 하고, 불확실한 추측은 투자를 도박에 가깝게 만든다.

## 정보의 투명성

대형주는 정보가 투명하고 접근하기 쉽다. 애널리스트 리포트, IR 자료, 재무제표, 업계 인터뷰, 뉴스 기사, CEO 발언까지 쉽게 찾을 수 있다. 이런 데이터를 통해 기업의 지속적인 성장 여부나 위기 극복 사례 등을 충분히 분석할 수 있다. 게다가 풍부한 데이터를 기반으로 미래 실적까지도 어느 정도 합리적으로 추측할 수 있다.

반면 소형주는 정보가 부족해 투자 판단이 어렵다. 마치 안개가 자욱한 새벽 같다. 특히 시가총액 1,000억 원 미만 기업은 IR

활동을 거의 하지 않고, 애널리스트 리포트도 찾아보기 힘들다. 블로그, 카페 등 투자자 커뮤니티에 돌아다니는 "누가 이 회사 주식을 대량 매집한대", "이번에 대박 기술 개발에 성공했대", "숨겨진 호재가 있대"와 같은 검증되지 않은 정보에 의존해야 하는 경우도 생긴다. 이런 정보를 믿고 과감히 내 돈을 태울 수 있을까? 그것도 초보자가 말이다.

## 안정성과 변동성

대형주의 또 다른 강점은 뛰어난 안정성이다. 대형주는 이미 검증된 사업 모델과 견고한 재무 구조를 갖추었다. 또 해당 산업 내에서 높은 점유율과 브랜드 파워를 기반으로 시장 지배력을 확보하고 있다. 이런 경쟁력 있는 대기업은 공급망·유통망·가격 결정권 등 전방위적인 경쟁 우위를 갖춘 경우가 많다. 그래서 설령 거시 경제가 둔화되거나 업종 전반이 침체에 빠지더라도 비교적 빠르게 회복한다. 위기 속에서도 일정 수준 수요가 유지되고, 자금 여력도 충분해 불황을 견딜 체력이 있기 때문이다. 경쟁사들이 무너질 때 오히려 점유율을 더 확대하기도 한다.

반대로 소형주는 구조적으로 취약하다. 아직 시장 지배력을 갖추지 못했다. 자금력이나 고객 기반도 충분하지 않다. 경기가 좋을 땐 빠르게 성장하는 듯 보이지만, 외부 충격이 오면 가장 먼저 흔들린다. 예를 들어 금리가 오르면 자금 조달 비용이 급격히 늘어나면서 사업 확장이 막힌다. 코로나19 같은 거대 이벤트가 터지면 공급망 차질 같은 문제에 먼저 노출되고, 소비 위축이 오면 브랜드 파워가 약해 먼저 외면받는다. 소형주는 위기 상황이 왔을 때 기업 자체의 내성이 약하고, 투자자들의 신뢰도 얕아 주가도 빠르게 무너질 가능성이 크다.

시장 지배력은 주가 변동성에도 영향을 미친다. 대형주는 시가총액이 크고 거래량이 풍부하다. 그만큼 주가의 일간 변동 폭이 작다. 삼성전자나 현대차의 일일 주가 변동 폭은 보통 ±2~3%다. 갑자기 20%가 떨어지는 일은 거의 없다. 이런 종목에는 20~30% 비중을 담아도 심리적으로 크게 흔들리지 않는다. 리스크 관리가 되고, 회복력도 믿을 수 있어 장기 보유도 가능하다.

반대로 소형주는 주가 변동성이 크다. 시가총액이 작고, 거래량도 적다. 롤러코스터처럼 하루에 주가가 10~20%씩 오르내리는 일도 흔하다. 물론 코스피가 6,000포인트를 돌파한 2026년 초강세장에서는 삼성전자나 현대차 같은 초대형주조차 하루 10% 이상 변동하는 이례적인 모습을 보인다. 아무튼 정체를 알 수 없는 뉴스 한 줄에 소형 기술주가 갑자기 20% 올랐다가 다시 20% 하락하면 어떻게 대응할 것인가? 왜 떨어졌는지 알 길도 없고 회복

여부를 예측하기도 어렵다. 그럴 때는 공포에 휩싸여 이도 저도 못하다가 결국 손절로 끝나고 만다. 이런 테마주에 비중 있게 베팅했다면 순식간에 나락으로 떨어진다. 따라서 큰 비중을 실을 수 없다. 자산의 0.5~1% 비중으로 소극적으로 투자해 봤자 수익에 비해 리스크만 크다. 변동성이 큰 소형주나 테마주 투자는 노련한 프로 트레이더들에게도 어려운 영역이다. 초보는 쉽게 가야 한다.

## 회복력

투자할 때 중요한 것이 '회복력'이다. 투자자는 누구나 실수를 한다. 타이밍을 잘못 잡아 고점에 물릴 수도 있다. 하지만 산업을 대표하는 1등 대형주는 대부분 실수를 만회할 기회를 준다. 예를 들어 메모리 반도체 산업은 경기에 따라 실적 변동이 큰 대표적인 '시클리컬'(경기민감 업종) 산업이다. 시클리컬 종목인 SK하이닉스 역시 주가 등락 폭이 크다. 2021년 코로나19 특수로 15만 원대 고점을 찍었지만, 2022~2023년 상반기에는 경기 둔화와 금리 인상 등으로 반도체 업황이 악화되면서 주가는 8만 원대까지 급락했다. 그러나 SK하이닉스는 위기를 기회 삼아 AI 시대의 핵심인 HBM(고대역폭 메모리) 기술에 선제적으로 투자했고, 2024년부터 엔비디아 등 주요 고객사에 독점적으로 공급하며 실적 턴어

라운드에 성공했다. 주가는 2021년 고점을 훨씬 뛰어넘어 2025년 강세장에서는 227% 상승하며 코스피 최고의 주도주가 되었다.

미국의 기술주를 대표하는 '매그니피센트 7[M7]' 종목들(애플, 마이크로소프트, 알파벳, 아마존, 엔비디아, 테슬라, 메타)은 말할 것도 없다. 2022년 급격한 금리 인상기 동안 큰 폭의 조정을 겪었지만, 압도적인 시장 지배력과 혁신 역량으로 다시 한번 전고점을 넘어 역사적 신고가를 기록했다.

소형주는 상황이 다르다. 잘못 투자하면 '영원히 탈출 불가'인 경우가 많다. 특히 특정 테마주가 단기 급등 후 폭락하면 해당 주가는 영영 이전 수준으로 돌아오지 않는 경우가 부지기수다. 선거 때 급등했던 특정인 대선 테마주, 2021년 NFT 관련주, 2022년 메타버스 테마주 등. 한때 급등했지만 지금은 보이지 않는다. 회생 불가다. 투자자는 손실에 집착하며 계속 차트를 들여다보지만, 결국 소중한 시간과 기회만 낭비하게 된다.


## 주식은 쉽고 단순하게 하자

정보 비대칭성과 가격 변동성이 크다는 점은 이를 제대로 다룰 줄 아는 투자자에게는 큰 기회가 된다. 소형주는 기관 투자자의

레이더망에 잘 걸리지 않고, 분석 리포트도 거의 없다. 하지만 베테랑 투자자라면 누구보다 빠르게 기업을 발굴하고, 시장보다 한 발 앞서 들어가 수익을 챙길 수 있다. 이를테면 소형주 중에는 아직 시장에서 제대로 조명받지 못했지만 독점 기술이나 빠른 실적 성장을 가진 기업들이 숨어 있다. 이런 종목은 시간이 지나 실적이 누적되고, 언론이나 기관의 관심을 받기 시작하면 주가가 몇 배로 뛰기도 한다. 이 바닥에서 잔뼈가 굵은 고수라면 이런 특성을 활용해 큰 수익을 낼 수 있다.

스티브 잡스는 단순함으로 애플을 구했다. 복잡한 제품 라인, 내부 갈등, 시장의 소음 속에서도 흔들리지 않고 단순한 본질만 남겼다. 그 결과 애플은 세계에서 가장 가치 있는 기업이 되었다. 주식 투자도 다르지 않다. 복잡한 정보, 불확실한 종목, 끝없는 소음 속에서 단순함은 우리의 강력한 무기다. 주식 투자는 최대한 쉽게 해야 한다. 초보자라면 정보가 부족하고 변동성이 큰 소형주, 테마주에서 헤매지 말자. 사업이 명확하고 안정적인 대형주부터 시작하자. 이해하기 쉽고, 비중을 실을 수 있으며, 장기적으로 회복력을 가진 대형주는 초보자에게 제일 단순하고 강력한 선택이다. 잡스가 화이트보드에 X자를 그리며 단순함을 추구했듯, 우리도 단순함으로 시장을 이기자.

# 2

# 단순함 2:
## 1등만 사자



복잡한 기교 부리지 말고,

확실한 원칙 하나에 승부를 걸어라.

- 찰리 멍거

# 어떤 주식을 사야 할까?

초보 투자자만이 아니라 시장에서 오랜 시간을 보낸 베테랑들까지도 끊임없이 고민하게 만드는 질문이다. 성장주, 가치주, 배당주, 테마주, AI, 반도체, 전기차, 우주항공, 엔터테인먼트 등등. 모든 투자자는 끝없이 늘어나는 선택지에 혼란을 겪는다.

여러 풍파에도 시장에서 살아남은 투자자들은 결국 하나의 결론에 도달한다. "1등 기업만 사도 충분하다." 1등 기업은 시장을 지배하고, 산업의 흐름을 주도하며, 미래를 만들어 간다. 특히 초보 투자자라면 1등 기업에 집중하는 것이 가장 강력하고 안전한 전략이다.

## 시장을 지배하는 구조: 선순환의 절대 법칙

모든 산업은 결국 많이 팔고, 많이 만드는 기업에게 유리하다. 1등 기업은 가장 많은 고객을 확보해 가장 높은 매출을 올린다. 매출이 많아질수록 생산 단가는 자연스럽게 낮아지고 이익은 극대화된다. 늘어난 이익은 연구개발R&D과 최첨단 설비투자로 이어진다. 설비투자는 더욱 뛰어난 제품과 서비스로 시장의 신뢰를 얻고, 고객은 다시 1등 기업을 선택한다. 강자가 시간이 지날수록 더 강해진다. 이 과정은 끝없는 선순환을 만든다.

## TSMC의 사례

선순환 법칙을 잘 보여 주는 대표적인 사례가 TSMC다. 2025년 1분기 기준, TSMC는 전 세계 파운드리(반도체 위탁생산) 시장에서 무려 67% 이상의 점유율을 기록하며 독보적인 1위 자리를 지켰다. 반면 2위인 삼성전자는 7.7%에 그쳤다. 그야말로 압도적 격차다. TSMC는 이 압도적 점유율 덕에 경쟁사보다 훨씬 더 저렴하게 반도체를 생산하고도 막대한 이익을 남길 수 있었다. 이익이 많으니 다시 R&D와 첨단 설비에 천문학적 금액을 투자하고, 3나노, 2나노 공정 같은 차세대 기술을 제일 먼저 확보할 수 있다. 삼성전자 등 경쟁사들은 규모와 수율, 기술력에서 TSMC를 따라잡지 못한다. 그 결과 주요 고객(애플, 엔비디아, AMD 등)은 계속 TSMC를 선택한다.

성곽이나 고분의 둘레를 감싼 도랑인 해자moat는 적의 접근을 막기 위해 땅을 파고 물을 채워 만든 강력한 방어막이다. TSMC의 경제적 해자는 고객의 충성도, 압도적인 기술 우위, 그리고 따라올 수 없는 자본력이다. TSMC만의 이야기가 아니다. 아마존은 전자상거래와 클라우드 컴퓨팅AWS에서, 애플은 스마트폰과 생태계에서, 마이크로소프트는 소프트웨어와 클라우드 시장에서 비슷한 구조를 통해 시장을 장악하고 있다.

## 위기에서 드러나는 진짜 실력

시장은 언제나 상승과 하락을 반복한다. 10년 중 3~4년은 위기, 불황, 조정이 닥친다. 이때 약한 기업은 휘청이고, 강한 기업은 기회를 잡는다. 불황기에 2등, 3등 기업은 매출이 급감한다. 또 고정비 부담이 커지며 부채가 눈덩이처럼 불어난다. 그 결과 구조조정에 들어가고, 시장점유율도 잃는다. 1등 기업은 다르다. 위기 속에서도 자본력을 바탕으로 유통망을 확장하고, 경쟁사의 인재를 흡수하며, 기술 투자를 이어 나간다. 위기가 끝나면 시장은 더 압축되고, 그 결과 1등 기업은 사실상 독점에 가까운 위치를 차지한다.

2008년 글로벌 금융위기는 오프라인 유통업체들에게 치명

타였다. 많은 소매업체가 파산하거나 구조조정에 들어갔다. 하지만 아마존은 이 시기를 기회로 삼았다. 오프라인 경쟁사들이 문을 닫는 동안에 전자상거래 시장점유율을 빠르게 넓혔다. 또한 물류 네트워크(풀필먼트 센터)를 확장하고, 저렴한 가격과 빠른 배송으로 고객을 끌어들였다. 게다가 AWS(아마존 웹 서비스)를 통해 클라우드 컴퓨팅 시장에서도 선두를 달리기 시작했다. 결과적으로 금융위기 이후 아마존은 전자상거래의 절대 강자로 자리 잡았고, 오늘날까지 그 지위를 유지하고 있다.

2020년 코로나19 팬데믹 때도 1등은 달랐다. 팬데믹이 전 세계 경제를 뒤흔들었으나 애플은 위기 속에서도 흔들리지 않았다. 전반적으로 스마트폰 판매는 주춤했지만, 애플은 프리미엄 브랜드 파워를 바탕으로 고가 정책을 유지했다. 애플 생태계(아이폰, 맥, 아이패드, 앱스토어)의 끈끈한 고객 충성심은 매출 감소를 최소화했고, 팬데믹 기간 동안 원격 근무와 온라인 교육의 수요가 늘면서 맥북과 아이패드 판매는 오히려 증가했다.

시장 전체가 흔들릴수록 진짜 강자는 더 강해진다. 1등 기업은 위기에서 살아남는 데 멈추지 않는다. 그 틈에 경쟁자들을 멀찍이 따돌리고, 격차를 더 크게 벌려 나간다.

# 1등의 구조

초보 투자자들은 화려한 정보나 매매 기술에 집착한다. 그래서 단타 타이밍, 테마주, 종가 베팅 같은 기술적 분석에만 몰두하는 경향이 있다. 하지만 시장은 그런 기교로 이길 수 있는 곳이 아니다. 운 좋게 한두 번 수익을 낼 순 있어도 기교만으로는 결코 시장을 이길 수 없다. 지속 가능한 수익은 시장의 구조를 이해하고, 그 흐름에 올라탈 때 찾아온다. 1등 기업 투자는 승리의 공식에 동참하는 확실한 전략이다. 독점적 지위와 진입 장벽이 꾸준한 이익을 만들어 낸다.

- **압도적 고객 기반:** 시장점유율 1위는 강력한 안전판이다. 두터운 고객층은 어떤 위기에도 무너지지 않는 기초 체력이 된다.
- **반복 구매 구조:** 수익의 연속성을 보장한다. 아마존이나 마이크로소프트처럼 고객이 반복해서 결제할 수밖에 없는 시스템으로 작동한다.
- **브랜드 파워:** 가격 결정권의 원천이다. 독보적인 가치로 높은 마진을 유지하며 경쟁자를 압도한다.
- **높은 진입 장벽:** 후발 주자의 추격을 막는 요새다. 특허와 네트워크 효과를 쌓아 시장을 독식하는 구조를 완성한다.

주의할 점도 있다. 단지 시가총액이 크다는 이유로 섣불리 매수하면 안 된다. 한때 업계 1등이었던 노키아, 코닥, 야후 등 기술 변화에 적응하지 못하고 무너진 기업도 많다. 더 중요한 것은 지속 가능한 1등인가다. 기술, 고객, 인재, 자본에서 지속적으로 경쟁자를 앞설 수 있는가? 이 기준을 갖고 1등을 선별해야 한다.

1등 기업을 사라. 당장 주가가 오르지 않아도 괜찮다. 사업의 근본이 탄탄하기 때문에 결국 다시 오른다. 단순하지만 강력한 이 원칙은 시장에서 수십 년간 검증된 진리다. 1등 기업은 단순히 돈을 많이 버는 회사를 넘어 시장의 구조를 지배하고, 위기를 기회로 삼으며, 고객의 신뢰를 바탕으로 미래를 설계한다. 초보자든 경험자든 투자라는 게임에서 가장 강한 전략은 '1등 기업에 올라타는 것'이다. 투자는 복잡한 기술 싸움이 아니다. 본질을 꿰뚫는 눈, 그리고 본질에 돈을 맡길 줄 아는 용기다.

워런 버핏은 말했다. "평범한 회사를 정말 싼값에 사는 것보다 훌륭한 회사를 적정한 가격에 사는 것이 훨씬 낫다." 복잡할수록 단순하게 가라. 투자의 해답은 생각보다 명쾌하다.

# 10년에 한 번, 하늘은 기회를 준다

주식은 어렵게 하면 끝없이 어렵고, 단순하게 하면 놀랍도록 쉽다. 내가 잘 모르는 소형주, 복잡한 사업 모델, 테마, 소문 등에 휘둘리면 투자는 순식간에 도박이 되고 만다. 반대로 사업이 명확한 대형주, 이미 검증된 각 산업의 1등 기업부터 시작하면 판단은 훨씬 단순해진다.

여기까지는 이해가 쉽다. 문제는 그다음이다. 대부분의 투자자가 같은 지점에서 막힌다. "오케이. 1등 기업을 사라고? 좋아. 근데 언제 사야 해?" "지금 사면 비싼 것 아닐까?" "내일 또 떨어지면 어떡하지?" 그러면서 살까 말까 망설인다. 오늘 올라가면 "어제 살걸" 하고 후회하고, 오늘 떨어지면 "더 싸질 때까지 기다리자"라면서 매수를 미루고 또 미룬다.

평생 '타이밍'이라는 말에 묶여 제대로 된 수익 한 번 못 내는 사람도 많다. 왜일까? 돈이 걸린 순간, 인간의 뇌는 논리 모드에서 생존 모드로 바뀌기 때문이다. '잃으면 어떡하지?' '내 돈이 반토막 나면 어떻게 살지?' '다른 사람은 어떻게 하고 있을까?' 이때 뇌는 복잡함을 생성해 낸다. 머릿속으로 가능한 모든 시나리오를 돌려본다. 아이러니하게도, 많이 생각할수록 행동은 더 굳고 만다. 그래서 우리는 투자를 평생 어렵게 느낀다. 사실 어렵게 할 이



주식으로 부자됩시다

유가 없다.

그리고 투자 세계에는 10년에 한 번, 모든 걸 바꿀 기회가 온다. 다음 사례들로 차근차근 알아가 보자.

## 1998년 IMF 외환위기

대한민국이 통째로 부도났다고 했던 시절이다. 이 시기를 겪은 세대라면 지금도 생생하게 떠오를 것이다. 거리마다 '정리해고'라는 단어가 나붙었다. TV에선 매일 "한국, IMF에 구제금융 신청", "나라가 부도났다"는 얘기로 도배되었다. 주식 시장은 어땠을까? 코스피 지수는 300포인트대까지 추락했다. 상장사 중 상당수가 반 토막, 그 반 토막에서 또 반 토막이 났다. 겁에 질린 사람들은 핵심 자산을 헐값에 던졌다. 그리고 그 자산은 소수의 자본가와 외국인 투자자들의 손으로 넘어갔다. 영화 《국가부도의 날》에 당시 위기 상황이 잘 그려져 있다.

## 2008년 글로벌 금융위기

2008년 9월, 리먼브라더스가 파산했다. 전설적인 투자은행이 하루아침에 역사 속으로 사라진 것이다. 자연스러운 수순처럼 세계 증시는 와르르 무너져 내렸다. TV 화면에는 시카고 거래소에서 머리를 감싸 쥐고 신음하는 트레이더들이 잡혔다. 주가 지수와 종목창은 온통 파란색으로 물들었다. 그때 사람들은 입을 모아 말했다. "미국이 무너지면 진짜 끝이야." "이번 위기는 1929년 대공황 때보다 더 심하대." "은행도 믿을 수 없는데, 주식을 왜 들고 있어?"

공포에 질린 사람들은 있는 것 없는 것 다 모아서 던졌다. 펀드 환매 행렬이 이어졌다. 주식형 펀드, 해외 펀드, 중국 펀드 할 것 없이 다 던졌다. "마지막 남은 돈이라도 건지자"가 솔직한 마음이었다.

이때도 어김없이 용기를 낸 이들이 있다. 버핏은 2008년 10월 17일 《뉴욕타임즈》에 게재한 기고문에서 "Buy America. I am.(미국 주식을 매수하세요. 나는 그렇게 하고 있어요.)"라고 얘기하며 자신이 오랫동안 분석해 온 핵심 자산을 담기 시작했다. 그가 말한 유


주식으로 부자됩시다

명한 문장인 "다른 이들이 두려워할 때 탐욕스럽고, 다른 이들이 탐욕스러울 때 두려워하라"처럼. 2008년 말에서 2009년 초에 언론들은 여전히 경제 "회복은 먼 미래"라고 했다. 하지만 시장은 이미 바닥을 찍고 조용히 위를 향해 움직이고 있었다. 2009년 이후 10년간 S&P 500은 3배 이상 올랐다. 애플, 아마존, 구글, 마이크로소프트 같은 미국 빅테크 기업은 10배, 20배씩 올랐다. 2008년에 주식을 팔았던 사람과 반대로 대형 핵심 자산을 샀던 사람의 자산 곡선은 완전히 달라졌다.

## 2020년 코로나19 팬데믹

2020년 3월, 우리는 생전 처음 보는 장면을 목격했다. 학교가 문을 닫고, 거리에는 사람이 사라지고, 비행기는 하늘이 아닌 땅에 붙어 있었다. 전 세계 도시가 봉쇄됐다. 뉴스는 매일 확진자와 사망자 수를 실시간으로 집계했다. 지구 전체가 공포에 잠겼다.

주식 시장도 붕괴되었다. 증시는 며칠 간격으로 서킷브레이커circuit breaker가 발동됐다. 언론은 말했다. "제2차 세계 대공황이 온다", "실물 경제 붕괴, 증시 폭락 장기화", "여행·항공·호텔·소비, 전 산업 타격" 등등. 유튜브와 커뮤니티에는 "주식 시장은 완전히 끝났다"는 주장이 가득했다. 대부분의 투자자는 공포에 사로잡혔다. 대형 우량주이건 잡주이건 가릴 것 없이 순식간에 반 토막, 3분의 1 토막이 났다. 투자자들은 "더는 못 버틴다"라면서 손절을 선언했다.

이때도 다른 선택을 한 사람들이 있었다. "인류는 지금까지 수많은 전염병을 이겨 냈다", "곧 백신이 나오고, 치료제가 나오며 언젠가는 일상이 회복될 것이다", "세계 경제가 완전히 멈추진 않는다. 오히려 엄청난 돈을 풀 것이다"라면서 긍정적인 미래를 예측했다. 10년 주기 폭락을 경험한 용기 있는 사람들은 대표 핵심 자산을 사들였다. 결과는 어땠나? 2020년 3월에 폭락 한가운데서 샀던 사람은 1~2년 만에 지수 기준 2배 이상, 개별 성장주 기준 5배, 10배의 높은 수익을 거두었다. 사람들이 공포에 질리고 언론이 온갖 두려움을 외치던 순간이었지만 실제로는 10년에 한 번 있는 대바겐세일이 벌어지고 있었다.

## 10년에 한 번, 대바겐세일

폭락은 재앙이 아니라 인생 그래프를 바꾸는 계단이다. 이제 퍼즐이 보일 것이다. 1998년, 2008년, 2020년. 시기는 저마다 달랐으나 사람들의 감정선은 늘 같았다. 공포가 퍼지고, 절망이 쌓이며, 마지막에는 포기가 나온다. 그 이후의 차트 패턴 역시 거의



주식으로 부자됩시다

같았다.

폭락이 끝난 뒤에는 언제나 생각보다 빠르게 반등했다. 시간이 지나면 전고점을 회복했고, 그다음에는 새로운 고점이 반복됐다. 폭락은 차트만 보면 재앙처럼 보이지만, 부의 곡선으로 바라보면 가장 가파른 기회가 열린 구간이다.

아이러니하게도 이 시기에 투자 난이도가 가장 낮아진다. 평소에는 성장률, 밸류에이션, 타이밍을 두고 수없이 고민해야 한다. 그런데 폭락 장에서는 판단 기준이 단순해진다. 가격이 이미 공포를 반영해 무너져 있기 때문이다. '좋은 자산을 싸게 산다'는 투자 원칙이 가장 직관적으로 작동하는 순간이다. 다만 이 쉬운 기회는 준비가 되어 있어야 잡을 수 있다. 무엇을 살지는 평소 미리 정해 놓아야 한다. 핵심 자산, 1등 대형주, 지수 ETF, 장기 성장 산업의 확실한 승자들만 봐야 한다.

어떻게 살지도 규칙으로 만들어 두어야 한다. 오늘이 정확한 바닥인지, 내일이 더 낮은지는 아무도 알 수 없다. 예를 들어 투자금이 1,000만 원이라면 300, 300, 400으로 분산함으로써 가격이 더 무너질 때마다 1차, 2차, 3차로 분할 매수한다. 감정을 배제하기 위한 장치다. 이런 준비가 되어 있으면 폭락 장은 더 이상 공포의 구간이 아니다. 오히려 가장 단순하고 명확한 투자 구간이 된다. 일반적인 횡보와 완만한 상승 구간은 인생을 크게 바꾸지 않는다. 자산 그래프가 언덕처럼 완만하게 올라가기 때문이다. 반면 폭락 장 한가운데에서 핵심 자산을 담은 사람은 그래프가 계단처럼 단번에 바뀐다. 그리고 인생이 달라진다. 그 기회는 대략 10년에 한 번꼴로 찾아온다.

표적인 사례가 2023년 불었던 2차전지 광풍이다. 에코프로를 선두로 2차전지 종목 대부분이 너도나도 불기둥을 세웠다. 주식 계좌에 2차전지가 없으면 화병에 걸리던 시점이었다. 각종 방송에서 전문가라는 사람들이 2차전지 불멸을 부르짖었다. 그때가 꼭지였다. 그래도 사람들은 믿었다. "이번엔 달라. 에코프로는 진짜야. 훨씬 더 갈 수 있어." 다시 한번 확증편향과 생존본능의 결합이 만들어 낸 착각이었다. 결과는 비참한 대폭락이었다. 우리 속담에 선무당이 사람 잡는다는 말이 있다. 반면 당시 제도권의 명의<sup>名醫</sup>에 해당되던 베스트 에널리스트의 과열을 경고하는 조언은 투자자들에게 철저히 매도당했었다.

## 나만의 매도 원칙을 정하자

매도 기준이 없는 투자자는 결국 후회하게 된다. 수익이 나도 후회하고 손실을 봐도 후회한다. "지금 팔아야 할까요?" "더 오를까요?" "이건 고점인가요?" 다른 사람에게 이런 질문을 계속 던지는 사람은 결국 물리게 되어 있다. 그래서 나만의 매도 원칙이 필요하다.

다음은 하나의 예시다.

## 밸류에이션 기준

PER이 70을 넘으면 팔기 시작한다. 실적에 비해 너무 오른 주식
은 반드시 조정을 겪는다. 아무리 좋은 성장주라도 가치는 수익
으로 설명되어야 한다. 만약 PBR이 10을 넘는다면 좋아 보여도
매수 금지다. 좋은 기업과 좋은 가격은 다르다.

## 인간 지표 활용하기

주위 사람 열 명 중 일고여덟 명이 그 종목을 좋다고 말하면 팔
타이밍이다. 방송, 기사, 유튜브, 커뮤니티에 그 종목 칭찬이 넘쳐
난다? 그 정보는 대중들에게 다 알려졌으므로 주식 가격에 이미
반영되었다는 얘기다. 초기 매수자들은 팔고 있다.

## 기술적 기준: 이동평균선 활용

기술적 분석은 감정을 배제한 기계적인 매도 판단 도구다. 단, 단
기 트레이더와 중·장기 투자자는 접근을 달리해야 한다.


주식으로 부자됩시다

[ 단기 트레이더용 매도 기준 ]

- **5일선 이탈 시, 일부 매도**

  : 단기 상승 추세가 꺾였다는 초기 신호

  : 반등 없으면 빠르게 비중 축소

- **5일선+20일선 동시 이탈 시 전량 매도**

  : 단기 추세 붕괴 신호, 전량 정리

- **고점에서 거래량 동반한 장대 음봉 출현 시 전량 매도**

  : 세력이 빠졌거나 매물 폭탄 신호


이처럼 단기 매매에서는 리스크 관리가 아주 중요하다.


[ 중·장기 투자자용 매도 기준 ]

- **20일선 또는 60일선 이탈 시 추세 점검**

  : 일시적 조정인지 추세 전환인지 판단

  : 이탈 후 며칠 내 회복 못 하면 비중 축소

- **120일선 이탈+거래량 증가 시 매도 고려**

  : 중기 추세 붕괴 신호

  : 펀더멘털 변화 여부도 점검 필요

- **월봉 기준 5월봉 이탈**

  : 장기 추세 꺾임. 본격 하락 국면 진입 가능성

**자신의 원칙에 따른 분할 매도**

"20% 수익이 났을 때 30% 매도, 30% 수익에서 30% 더 매도, 나머지는 추세가 끝날 때까지 보유." 이런 매도 규칙은 내 이익을 지키는 든든한 방패다. 무조건 꼭지에서 팔려고 하면 결국 아무 데서도 못 판다. 분할 매도는 심리적 부담을 줄여 주고, 수익 실현에 대한 후회도 줄여 준다. 지키는 투자자만이 살아남는다.

## 욕심 내려놓기

욕심을 내려놓는 훈련은 사소한 습관에서 시작된다. 생선 대가리는 고양이에게 줘라. 생선 대가리에는 살이 없다. 발라먹으려고 애쓰다 보면 짜증만 나고 입맛도 버린다. 그럴 땐 그냥 고양이를 부르면 된다. 그럼 나도 살고 고양이도 산다. 이제 아흔 넘은 해녀가 알려 준 첫 번째이자 마지막 교훈을 다시 떠올려 보자. "바다에 가면 욕심을 내지 마라. 딱 너의 숨만큼만 있다 와라. 그 숨은 하늘이 주고, 바다가 허락한 만큼만 받는 것이다."

# 3

# 평경장은 고니에게
# 왜 손가락을 자르라고 했을까

JOURNEY TO WEALTH

가장 큰 실수는 실수를 저지르는 것이 아니라,

무엇이 잘못인지 알면서도 그것을 고치지 않는 것이다.

- 공자

## 고니가 손가락을 자르지 못한 이유는?

"손꾸락 하나 자르라." 평경장(백윤식 분)의 목소리는 차갑기만 했다. "왜요?" 고니(조승우 분)는 말끝을 흐리며 물었다. 그의 눈가에는 짜증과 당황이 뒤섞여 있었다. "손이 간지러워서 살 수 있겠니? 자르라." 평경장은 눈 하나 깜빡이지 않았다. 고니는 기차역

화장실로 향했다. 덜덜 떨리는 손으로 칼을 집어 들고 자신의 손가락을 찔렀다. 붉은 피가 번지고 진한 통증이 밀려왔다.

그때였다. "내기할래? 너 그거 못 자른다." 등 뒤에서 처음 듣는 비웃음 섞인 목소리가 고니의 신경을 건드렸다. "뭐야, 당신?" 고니는 흠칫하며 아귀(김윤석 분)를 바라봤다. "다 때 되면 남들이 알아서 잘라 줄 거인디, 거 그냥 놔둬라." 아귀의 조롱이 고니의 마음을 뒤흔들었다. 잠시 생각에 잠겼던 고니는 칼을 내려놓았다. 그리고 다시 평경장 앞에 섰다. "왜 자르지 않았니?" 평경장은 그럴 줄 알았다는 표정으로 물었다.

고니는 왜 손가락을 자르지 않았을까? 자르지 않은 게 아니라 못 자른 거다. 왜냐고? 그야 아프니까. 살을 찢고, 피를 흘리고, 뼈를 깨는 고통을 맨정신으로 감당할 수 있을까? 말이 쉽지 상상만 해도 온몸에 소름이 돋는다. 그리고 손가락을 자르면 화투는 어떻게 치나. 고니에게 도박은 오락이 아니라 생계 수단이다. 도박으로 먹고사는 사람이 손가락을 자르다니! 있을 수 없는 일이다. 트레이딩에서 손절하지 못하는 이유와 정확히 일치한다.

단타로 들어가서 물렸을 때, 우리는 왜 자르지 못할까? 고니와 똑같다. 첫째, 아프다. 맨정신에 손절 버튼을 누르는 것은 손가락을 자르는 것만큼이나 아프다. 내 돈이 실시간으로 날아가는 것을 보는 고통은 말로 다 표현할 수 없다. 둘째, 자르면 실패를 인정하는 것이다. 내가 얼마나 공들였는데. 펀더멘털도 보고, 차트도 분석하고, 뉴스도 다 뒤져 가며 결정했는데. 근데 틀렸다고? 잘라야(손절해야) 한다고? 내 선택이 잘못되었다는 걸 인정하는 순간 끝없는 패배감이 밀려온다.

그래서 우리는 못 자른다. 대신 무한 긍정의 나래를 펼친다. "주식이라는 건 언제든 오르고 내리는 거니까. 지금은 잠시 흔들리는 거야." "조금 빠졌다 다시 올라가겠지. 그리고 지금 잘랐는데 다시 오르면 어떡해." 그러면서도 억울해서 잠도 제대로 못 잔다. 그래, 그냥 기다리자. 옛말에 '참을 인 세 번이면 살인도 면한다'라고 했다. 그러니 분명 참고 기다리면 좋은 날이 온다. 이렇게 되뇌이면서 마치 절에서 도를 닦듯, 본전이 오기만을 기다리며 버틴


주식으로 부자됩시다

다. 하지만 현실은 잔혹하다. 기다려도 본전은커녕 손실이 눈덩이처럼 불어난다. 결국 내 계좌는 파란색 물감으로 도배된다. 추락하는 것은 날개가 없다. 반 토막 난 계좌를 바라보며 자포자기 상태에 빠진다. 그 순간 아귀의 조롱 섞인 음성이 들린다. "내기할래? 너 그거 못 자른다." 아귀가 옳았다.

## 인간의 손실 회피 편향

손해 보는 주식을 손절하지 못하는 것은 인간의 손실 회피 편향 때문이다. 노벨경제학상 수상자인 대니얼 카너먼Daniel Kahneman 프린스턴대학교 명예교수는 말했다. "인간은 이익이 가져다주는 기쁨보다 손실이 가져다주는 고통을 더 크게 느낀다." 이게 무슨 말이냐 하면 길에서 1만 원을 주웠을 때의 기쁨보다 1만 원을 잃어버렸을 때의 실망감이 더 오래간다는 이야기다. 투자에서도 마찬가지다. 10% 수익이 났을 때의 만족감보다 10% 손실을 봤을 때의 좌절감이 더 크다.

이는 인간의 생존본능에서 비롯되었다. 인류가 수렵과 채집으로 먹고살던 시절의 하루하루는 생존을 위한 전쟁과 다름없었다. 눈앞의 동물이든 식물이든 앞뒤 잴 것 없이 당장 잡아먹어야 살 수 있었다. 얻는 것은 당연시되었지만 잃는 것은 곧 죽음을 의미했다. 이렇게 형성된 인간의 본능은 지금도 작동한다.

문명은 발전했지만 우리 뇌는 아직도 원시시대와 다르지 않다. 주식 시장에서 수익이 나면 잠깐 흐뭇해하다가 금방 무덤덤해진다. 하지만 손실이 나면 가슴이 철렁하고, 밤잠이 사라지고, 손절 버튼 하나에 손이 떨린다. 그래서 물린 주식을 끝까지 계좌에 묻고 간다. 잃는 것에 대한 두려움이 인간의 DNA 깊숙이 새겨져 있기 때문이다. 즉, 손절은 본능을 거스르는 행동이다. 당연히 어렵다.

## 스마트 개미는 다를까?

"요즘 개인들, 많이 똑똑해졌잖아. 예전 같지 않아." 과연 그럴까? 통계를 보자.

- 개인은 주식 매수 다음 날 이익 포지션의 41%를 매도했으나 손실 포지션은 22%만 매도했다.
- 매수 후 10일간 보유한 경우에도 이익 포지션의 11%를 매도하

고 손실 포지션은 5%만 매도했다.

– 분석 기간 종료 시점에 개인 투자자가 보유한 개별 주식 포지션

중 전체의 71.4%가 손실을 냈다.

출처: 『국내 개인투자자의 행태적 편의(자본시장연구원 보고서)』, 2020년,

김준석 자본시장연구원 선임연구위원

이처럼 개인은 주가가 오르면 빨리 팔아 버리고, 주가가 빠지면 오래 보유한다. 주식은 크게 먹고 작게 터져야 하는데, 개인은 정반대다. 그래서 계좌가 파란색으로 물들고 만다.

아래의 내용은 이 책의 필자 중 한 명인 임 감독이 주식선물을 트레이딩 하면서 겪은 실전 사례를 기록한 내용이다. 손실을 보고도 자를 수 있는 용기가 얼마나 중요한지 알 수 있다.

2월 11일, 오후 3시 25분.

첫 번째 시험대가 찾아왔다. 내 포트폴리오의 큰 비중을 차지하고

있는 크래프톤이 실적 발표를 했다. 나는 실적 서프라이즈가 나오는 그림을 그렸다. 하지만 컨센서스consensus 하회. 그러자마자 동시호가에서 3% 하락했다. 그때까지도 다행히 수익 구간이었다. 근데 뭔가 조짐이 심상치 않았다. 아이씨…, 자를까? 버틸까?

선택의 기로였다. 주식·선물은 15시 45분까지 거래된다. 내가 마음만 먹으면 곧바로 자르고 내일 다시 승부를 볼 수도 있다. 하지만 나는 결국 못 잘랐다. 그리고 변명을 찾았다. "컨센서스는 하회했지만 매출과 영업이익이 전년 동기 대비 각각 15%, 31% 성장했잖아. 내일은 시장이 상승으로 반응할 거야." 하지만 마음이 찝찝했다. 화장실에서 볼일 보고 마무리를 제대로 못 한 듯한 찝찝함이 계속 밀려왔다. 마음을 다잡았다. "아니야. 이건 잘라야 해. 내일 시초가부터 무조건 자른다." 결심을 굳히려는 순간, 아귀가 다시 나타났다. "내기할래? 너 그거 못 자른다."

2월 12일, 오전 8시 40분, 장 전 동시호가.

아니나 다를까, 호가 창이 요동쳤다. 어제 내내 자른다고 다짐했건만 막상 그 순간이 오니 망설여진다. "아, 그냥 좀 지켜볼까. 나만 털고 올라가면 진짜 억울할 텐데." 주식·선물 시작은 오전 8시 45분.


주식으로 부자됩시다

분위기가 싸늘했다. 마치 가슴에 비수가 날아와 꽂힌 것처럼. 시초가부터 아래로 밀기 시작했다. "그래, 매도 먼저 맞는 게 낫다." 고니는 못 잘랐지만 나는 자른다. 나도 시장가로 같이 밀었다. 어차피 겪어야 할 일이다. 미루는 건 고통의 시간을 연장하는 것에 불과하다.

결과는 마이너스 −3% 손절. 이상하게도 마음이 후련했다. 그 후 주가는 폭포처럼 쏟아졌다. 온종일 단 한 번의 탈출 기회도 주지 않고 끝까지 아래로 밀어붙였다. 종가 마이너스 −14%. 시초에 시장가로 자르지 못했다면 어땠을까? 간담이 서늘해졌다. 아직도 물려 있어서 바들바들 떨고 있었을 것이다. 손절하고 나서 기분 좋은 건 이때가 처음이었다.

−3% vs −14%. 단순한 숫자 차이가 아니다. 미련을 끊은 용기의 결과였고, 후회로 남을 뻔한 선택을 배움으로 바꾼 순간이었다. 한숨 돌리고 나니 평경장이 찾아와 웃으며 물었다. "돈을 벌고 싶니? 부자가 되고 싶니?" 나는 주저하지 않고 대답했다. "네." 그러자 평경장이 말했다. "그럼 자르라." 최고의 타짜 평경장의 명언이다.

# 손절의 기준은?

자르라고 해서 아무 종목이나, 아무 타이밍에 무작정 자르라는 뜻은 아니다. 손절의 기준은 단 하나, 처음 세운 '전제'가 무너졌을 때다. 펀더멘털이 약해졌거나, 시장 반응이 예상과 다르거나, 생각지도 못한 뉴스가 나왔을 때. 그때는 감정이 아니라 이성으로 판단해야만 한다. 처음의 판단 근거가 무너졌다면, 미련 없이 결정해야 한다.


주식으로 부자됩시다

# 4

# 나폴레옹은 어떻게 승리하고
# 왜 몰락했을까: 유연함과 고집의 결과

나는 내 결정이 틀렸다는 것을 깨닫는 순간,

즉시 그 결정을 바꾼다. 그것이 내가 살아남는 비결이다.

- 조지 소로스

## 나폴레옹의 성공과 실패

1805년 12월 2일 새벽 5시, 오스트리아 아우스터리츠. 짙은 안개가 모라비아 평원을 뒤덮고 있었다. 나폴레옹은 연합군 8만 7,000명의 병력 배치부터 전장의 지형, 적군의 사기와 지휘관의 성격까지 완벽하게 파악했다. 그는 모든 변수를 계산해 치밀하게 전략을 짰다. 프랑스 우익군을 일부러 허술하게 보이게 해 연합군이 그쪽을 집중 공격하도록 유도했다. 적군을 우익군 깊숙이 끌어들여 시간을 벌며 적의 병력을 분산시켰다. 우익군이 움직인 틈을 노려 텅 빈 중앙을 한순간에 찔러 전세를 뒤집는 것이 그의 전략이었다. 나폴레옹은 확신했다. "우리 우익군이 약하게 보일 때, 적은 그 약점을 물어뜯으려 할 것이다. 그때가 승부의 분수령이다."

새벽이 지나자 연합군이 움직이기 시작했다. 나폴레옹의 예상대로 연합군은 프랑스 우익군에 맹렬한 공격을 가했다. 하지만 전투 양상은 나폴레옹의 계획대로 흘러가지 않았다. 연합군 병력이 예상보다 많은 9만 명에 달했고, 우익군에 쏟아붓는 공격도 생각보다 훨씬 강력했다. 시간을 벌어 주어야 할 프랑스 우익군은 붕괴 직전이었다. 패배는 시간문제처럼 보였다.

위기의 순간, 나폴레옹은 주저 없이 기존 계획을 버리고 즉시 새로운 판을 짰다. "더 이상은 시간을 지체할 수 없다. 당장 예비

군을 중앙에 투입하라." 원래 계획보다 훨씬 이른 결단이었다. 이 한 번의 빠른 판단이 전장의 흐름을 완전히 뒤바꿨다. 프랑스군은 순식간에 고지를 장악하며 전세를 단숨에 뒤집었다. 아우스터리츠 전투는 훗날 나폴레옹 전쟁사 가운데 최고의 승리로 기록되었다. 나폴레옹은 늘 치밀하게 계획하면서도 예상 못 한 위기에는 신속하고 유연하게 대처했다. 그것이 '전쟁의 신' 나폴레옹의 방식이었다.

하지만 반복된 승리 앞에서 나폴레옹은 점점 오만해졌다. 1812년, 그는 대규모 러시아 원정을 결단했다. 속전속결로 러시아를 제압한다는 계획은 프랑스 내부에서부터 우려와 반대에 부딪혔다. 일부 고위 장군과 정치가들은 러시아의 광활한 영토와 혹독한 겨울, 보급 문제를 미리 경고하며 장기전의 위험성을 지적했다. 국민들 사이에서도 전쟁 피로와 징병, 세금 부담에 대한 반감이 점점 커지고 있었다. 그럼에도 나폴레옹은 자신의 군사적 판단과 강한 의지를 앞세워 모든 반대를 뚫고 원정을 강행했다.

러시아군은 나폴레옹의 전략을 꿰뚫어 봤다. 그들은 정면 대결을 피하고 후퇴하면서 마을과 식량을 모두 불태우는 '초토화 전략'으로 맞섰다. 러시아군을 추격하던 프랑스군은 끝없는 행군과 혹독한 추위 속에서 굶주림과 병마에 시달려 무너져 갔다. 결과는 참혹했다. 60만 명에 달했던 병력 중 살아남은 이는 채 5만


주식으로 부자됩시다

명도 되지 않았다. 이 실패는 나폴레옹의 무적 신화를 산산이 조각내며, 그가 영웅에서 전쟁광으로 몰락하는 결정적 전환점이 되었다.


## 주식 시장이라는 전쟁터: 유연함이 없으면 패배한다

주식 시장은 언제나 예측 불가능한 변수들로 가득 차 있다. 어제의 확신이 얼마든지 오늘의 오답이 될 수 있다. 한 치 앞도 내다보기 힘든 곳이 주식 시장이다. 투자자들은 이런 불확실성 속에서 살아남기 위해 기업 재무제표와 차트, 전문가 의견을 샅샅이 분석한다.

"이 산업은 미래를 지배할 거야!", "이 기업은 독보적인 기술로 시장을 장악할 거야!", "지금이 진입 타이밍이야!" 등. 투자자들은 이런 확신으로 주식을 사지만 시장은 번번이 우리의 예상을 벗어난다. 예고 없이 터지는 기업의 악재, 급변하는 경제 흐름, 경쟁사의 기술 혁신, 때로는 투자 심리의 작은 변화 하나만으로도 치밀하게 세운 전략이 쉽게 무너진다.

## 살아남는 고수의 비결: 시장을 생물로 보는 유연함

주식 시장에서 가장 위험한 적은 시장이 아니라 투자자 자신의 고집이다. 시장이 "너의 생각은 틀렸어"라고 소리치는데도, 많은 투자자가 "아냐. 내가 맞아. 이건 일시적인 흔들림일 뿐이야"라며 고집을 부린다. 특히 과거에 성공 경험이 있는 투자자일수록 이 덫에 빠지기 쉽다. "내가 예전에 이 방법으로 돈을 벌었거든"이라는 자신감이 오히려 독으로 작용한다.

시장이 보내는 경고음을 무시한 채 내 생각만 고수하는 행동은 확증편향 때문이다. 확증편향은 자신의 신념을 뒷받침하는 정보만 선택적으로 받아들이고, 그 신념을 반박하는 정보는 무시하거나 축소하는 성향을 일컫는다. 예를 들어 어떤 투자자가 "이 종목은 저평가되었으니 반드시 오른다"라고 확신하면 해당 종목에 유리한 뉴스, 긍정적인 리포트, 상승 가능성을 말하는 유튜브 영상만 열심히 찾아본다. 반면에 실적이 부진하다는 기사나 경쟁력이 떨어진다는 분석은 "일시적인 거야", "그건 과장된 얘기지"라며 넘긴다.

시장은 모든 정보를 가격에 반영한다. 내가 아무리 긍정적인 정보만 쥐고 있어도 부정적인 정보에 더 민감하게 반응한 시장 참가자들이 먼저 팔기 시작하면 주가는 내려갈 수밖에 없다. 결국



주식으로 부자됩시다

끝까지 버티다 어렵게 쌓은 수익은 물론이고, 원금까지 날리고 시장에서 퇴출당한다.

진짜 고수는 시장을 생물로 본다. 그들은 아무리 "이 주식은 2배 이상 갈 거야"라는 확신이 있어도 상황이 변하면 즉시 생각을 바꾼다. 기업 실적 악화, 산업 변화, 새로운 규제, 예상하지 못한 경쟁자 등장 같은 변수 앞에서 주저 없이 손절을 택하거나 포트폴리오를 재구성한다. 손실을 최소화하고 다음 기회를 노리는 쪽이 훨씬 현명하다는 사실을 알기 때문이다.

워런 버핏이 대표적이다. 그는 장기 투자의 대가로 알려졌지만, 시장의 근본적인 변화가 감지되면 과감하게 생각을 바꾼다. 버핏이 이끄는 버크셔 해서웨이Berkshire Hathaway Inc.는 2016~2017년 미국 4대 항공사(델타, 사우스웨스트, 아메리칸, 유나이티드) 주식을 꾸준히 매입하며 항공 산업에 대규모 투자를 단행했다. 버핏은 "항공사들은 더 이상 수요 이상의 항공기를 무분별하게 늘리지 않는다. 산업 구조조정과 합병 등으로 시장점유율이 4대 대형사에게 집중되면서 수익성이 좋아졌다"며 베팅을 감행했다.

2020년, 코로나19 팬데믹이 오자 상황이 달라졌다. 그럼에도 버핏은 2월 27일 델타항공 주식 약 97만 6,000주(약 4,530만 달러)를 추가로 매수했다. 당시 델타 주가는 1월 전고점 대비 이미 23% 넘게 빠진 상태였다. 시장은 흔들리고 있었지만, 버핏은 끝까지 항공 산업의 근본적 구조 변화에 대한 신뢰를 보여 주었다. 2020년 3월 13일, 팬데믹 여파로 불확실성이 더 커진 시점에도 단호했다. 기자가 "많은 투자자가 항공주를 불안해하고 있는데, 버크셔는 여전히 이들 주식을 보유하고 있나요?"라고 묻자, 버핏은 자신 있게 답했다. "그럼요. 우리는 항공주를 팔지 않을 겁니

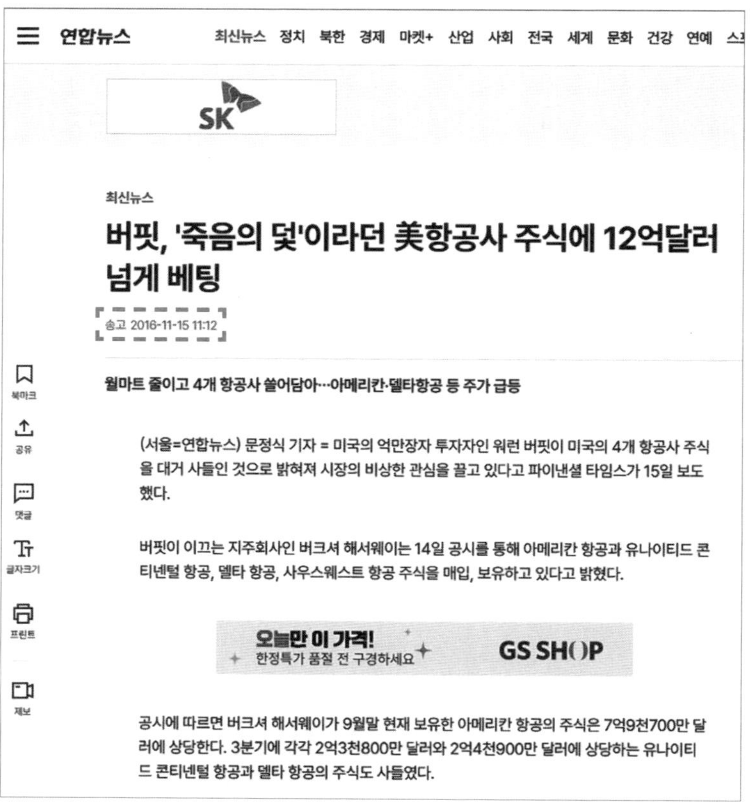




주식으로 부자됩시다

다.” 그러나 팬데믹이 더욱 확산되고 장기화되면서 하늘길이 닫히는 사상 초유의 사태가 펼쳐졌다. 버핏은 재빠르게 움직였다. 2020년 3월까지만 해도 “팔지 않겠다”던 그는 한 달 만인 4~5월, 항공주를 전량 매도했다.

그리고 2020년 5월 버크셔 주주총회에서 솔직히 인정했다. "항공 산업은 아주 크게 변했다. 항공 산업에 투자한 것은 내 실수였다. 우리는 상당한 손실을 감수하고 자금을 철회했다. 앞으로 돈을 계속 잡아먹을 것으로 보이는 기업에는 투자하지 않을 것이다. 그리고 우리는 마음을 바꿀 때 절반만 바꾸거나 머뭇거리지 않고 바로 행동한다. 다시 말해 무언가를 팔 때는 대개 보유분 전체를 매도하는데 이번 항공주도 마찬가지였다."

얼마나 단호하고 유연한가! 투자의 대가가 자신의 실수를 빠르게 인정하고 앞으로 어떻게 하겠다는 다짐까지 했다. 이 유연함은 2022년 연준의 자이언트 금리 인상기에서도 빛났다. 2022년 6월에 인플레이션은 9.1%까지 치솟았다. 1981년 약 10.3%에 달했던 최고치 이후 41년 만에 처음으로 9%대를 돌파했다. 팬데믹 이후 늘어난 소비, 글로벌 공급망 차질, 러시아-우크라이나 전쟁

**기준금리 인상 폭 구분**

| 명칭 | 인상 폭 | 설명 |
| --- | --- | --- |
| 베이비 스텝 | 0.25포인트 | 가장 일반적인 조정 |
| 빅 스텝 | 0.5포인트 | 큰 폭의 인상 |
| 자이언트 스텝 | 0.75포인트 | 더 큰 폭의 인상 |
| 울트라 스텝 | 1.0포인트 | 매우 이례적인 대폭 인상 |


주식으로 부자됩시다

## 2022년 미국 기준금리 인상·S&P 500 변동·인플레이션 추이

| 월 | 금리<br>인상 폭(%) | 금리 범위<br>(연방기금금리, %) | S&P 500<br>월간변동률(%) | 인플레이션<br>(CPI 연간상승률, %) |
|---|---|---|---|---|
| 3 | 0.25 | 0.25~0.50 | −3.7 | 8.5 |
| 5 | 0.50 | 0.75~1.00 | −8.6 | 8.6 |
| 6 | 0.75 | 1.50~1.75 | −8.3 | 9.1 |
| 7 | 0.75 | 2.25~2.50 | +9.1 | 8.5 |
| 9 | 0.75 | 3.00~3.25 | −9.3 | 8.2 |
| 11 | 0.75 | 3.75~4.00 | +5.5 | 7.1 |
| 12 | 0.50 | 4.25~4.50 | −5.7 | 6.5 |

으로 인한 에너지·원자재 가격 상승 등이 인플레이션을 부추겼다.

연준은 인플레이션을 잡기 위해 신속하게 움직였다. 3월부터 12월까지 기준금리를 0.25%에서 4.5%로 올렸다. 단 9개월 만에 7번의 인상을 했다. 그중 4번은 0.75%포인트씩 올린, 사상 초유의 '자이언트 스텝'이었다. 그만큼 상황이 심각했다.

시장은 충격을 받았고, 자산 가격은 속절없이 무너졌다. 테슬라, 아마존, 엔비디아 같은 성장주에 큰 비중을 둔 투자자들은 "잠깐의 조정일 뿐"이라며 버텼지만, 모두 50% 이상의 하락을 피하지 못했다. 그해 나스닥 지수는 연간 기준 33% 폭락했다. 2008년 글로벌 금융위기 당시의 41% 하락 이후 최악의 기록이었다.

**2022년 성장주 하락률**

| 종목 | 2022년 1월 3일 시가(달러) | 2022년 12월 30일 종가(달러) | 하락률(%) |
|---|---|---|---|
| 아마존 | 166.81 | 84.00 | −49.7 |
| 테슬라 | 382.13 | 123.18 | −67.8 |
| 엔비디아 | 301.12 | 146.14 | −51.5 |

* 야후 파이낸스, 연초 시가~연말 종가

이때 버크셔는 포트폴리오를 신속하게 조정했다. 고성장주가 무너진다는 걸 알아채고, 에너지(특히 옥시덴탈 페트롤리움, 셰브론 등)와 필수 소비재(코카콜라 등) 같은 가치주·방어주 중심으로 재편했다. 에너지 기업은 고유가 환경과 인플레이션 속에서 안정적인 실적을 냈다. 그 결과 나스닥이 33%, S&P 500이 19% 하락한 해에도 버크셔는 4% 상승하며 시장을 압도했다. 변화의 조짐을 읽고 망설임 없이 행동에 옮기는 유연함. 이것이야말로 시장에서 오래 살아남는 진짜 고수의 비결이다.

애널리스트도 마찬가지다. 고수는 어제 '매수' 리포트를 냈더라도 상황이 달라지면 오늘은 과감히 '매도' 리포트를 낼 수 있어야 한다. 이런 모습을 두고 어떤 사람들은 "뭐야, 이렇게 빨리 생각을 바꿔? 너무 줏대 없는 거 아냐?"라며 의문을 가질 수 있다. 하지만 시장의 환경과 근거가 바뀌었다면 줏대가 없는 게 아니라 시장에서 살아남기 위한 '유연함'으로 봐야 옳다. 진정한 고수는 자신의 생각보다 시장의 흐름을 더 우선시한다. 시장의 흐름이 변하면 그 사실을 빠르게 인정하고, 투자자에게 신속하게 새로운 정보를 전달한다. 반대로 자신의 리포트에 매달려 시장의 변화를 무시하면? 그건 일관성이 아니라 고집이다. 결국 투자자에게 손실을 안기는 원인이 된다. 하수의 전형적인 얼굴이다.

## 전장의 전략을 통해 본 투자자의 생존법

나폴레옹의 아우스터리츠 승리와 러시아 원정 실패는 주식 시장에서 살아남는 데 필요한 교훈을 준다.

### 치밀한 준비와 분석

성공적인 투자는 철저한 사전 준비와 꾸준한 정보 분석에서 시작된다. 시장의 흐름, 기업의 재무와 경쟁력, 각종 경제 지표까지 종합적으로 파악한 다음 그에 맞는 전략을 세워야 한다. 준비 없는 투자는 실패의 지름길이다.

### 유연한 대응과 신속한 전략 조정

계획만으로는 좋은 결과를 얻기 어렵다. 시장은 언제든 예기치 못하게 변한다. 변화를 재빨리 감지하고 상황에 맞게 전략을 과감하게 수정할 수 있어야 한다. 고집은 패배를 부르고 유연함은 생존을 보장한다.

### 실패를 인정하고 배움으로 삼는 태도

투자 과정에서 실패와 손실은 피할 수 없는 현실이다. 중요한 것은 실패에 좌절하지 않고, 그 경험에서 교훈을 얻어 다음 기회를 준비하는 자세다. 자신의 한계를 인정하고 끊임없이 연구하는 투자자에게는 언제나 새로운 기회가 열린다.

## '쩐의 전쟁'에서 살아남기

쩐의 전쟁이 열리는 주식 시장에서 승리하는 길은 명확하다. 철저히 준비하되, 변화무쌍한 상황에 유연하게 대응하고, 실패에서 겸손하게 배우는 자세를 갖추는 것이다.


주식으로 부자됩시다

# 5

돌발 악재가 터지면 주식을 던져라?
10년 흐름을 보자



사건 그 자체가 우리를 괴롭히는 것이 아니라,

그 사건에 대한 우리의 판단이 우리를 괴롭힌다.

- 에픽테토스

# 하이브로 본
# 언론 부정 기사를 대하는 투자자의 자세

2025년 5월 28일 수요일 저녁 6시 30분. 포털 메인에 단독 기사가 하나 떴다. "금감원, 방시혁 하이브 상장 당시 사기적 부정거래 혐의 조사 착수." 주가를 확인해 보니 벌써 -10% 수직 낙하 중이었다. 한국 주식은 이렇게 사람을 시험에 들게 만든다. 기사는 눈에 들어오지도 않는다. 화면 속 차트는 계속 파랗게 깜빡이고, 계좌에 찍힌 마이너스 숫자만 점점 커진다. "어 지금 -10%인데 이러다 -20%까지 빠지면 어떻게 하지?", "여기서라도 잘라야 하나?" 등 투자자의 머릿속이 복잡해진다.

계좌를 들여다볼수록 가슴이 찢어진다. 결국 손이 매도 버튼 위로 간다. '그래, 일단 던지고 보자.' 그런데 그 순간, 마음속에서 조용히 외치는 목소리가 들린다. "잠깐만, 지금 팔면 너무 늦지 않았을까?" "빠지면 여기서 얼마나 더 빠지겠어?" 곧장 네이버 종

토방에 접속해서 분위기를 확인해 본다. "내일 거래 정지된다고 하더라. 빨리 던져라." "이제야 팔 생각을 한다고? 하이브는 원래 부터 답 없었다니까 흑우들아." 이런 말들이 정신을 마비시킨다.

내가 무슨 말을 들으러 여기 들어왔을까. 시간이 아깝다. 그러는 사이 주가는 더 흘러내린다. -12%. "에이씨, 차라리 매도하자." 마우스 클릭 한 번이면 마음의 평화를 찾을 수 있다.

인간은 본능적으로 손실을 피하고 싶어 한다. 사실 이 상황은 투자자 대부분이 겪는 심리의 반복이다. 행동경제학에서는 '손실 회피loss aversion'라고 한다. 인간은 이익보다 손실에 더 민감하게 반응한다. 지금 주식을 팔면 손실이 확정된다. 하지만 더 큰 손실을 막았다는 안도감이 더 크다. 그래서 사람들은 일단 판다.

이런 공포가 군중 심리와 만나면 무섭다. 집단 투매가 일어나고, 패닉이 패닉을 부른다. 사람들은 타인의 행동을 보고 따라 한다. "다들 파는데 나만 안 팔면 바보가 되는 거 아냐?" 그렇게 공포는 순식간에 전염된다. 이것이 패닉 셀링panic selling의 본질이다. 이럴 땐 사안의 실체부터 차분히 들여다봐야 한다. 뉴스는 얼핏 정보를 주는 것 같지만, 사실은 감정을 건드리기 때문이다. 특히 '단독', '조사', '혐의', '부정거래' 같은 단어는 사람의 두려움을 건드리는 촉매제다. 그러니 먼저 구조적으로 정리하자.

## 기사를 읽어 보니 조사 중인 단계다

제재가 나올지, 검찰에 송치될지, 아니면 무혐의로 끝날지 아무것도 확정된 것이 없다. 단순히 조사에 착수했다는 것만으로 회사가 무너지지는 않는다.

## 개인 리스크일까, 기업 리스크일까?

이 기사는 하이브 사업에 관련된 문제가 아니라 방시혁 의장 개인의 사안이었다. 물론 방시혁 의장의 혐의가 사실로 드러난다면 하이브의 기업 이미지와 신뢰도에 타격을 줄 수 있다. 하지만 하이브가 보유한 아티스트 IP의 가치, 콘텐츠 제작 능력, 글로벌 팬덤 등 사업 본질과는 크게 상관이 없다.

## 언론의 신뢰성을 구분하라

검증되지 않은 단독 보도, 익명 취재원, 자극적 제목. 이런 기사에 휘둘려 매도하는 건 돈을 시장에 헌납하는 행위다. 가짜 뉴스, 낚시 기사, 확대 해석은 늘 시장에 존재한다. 그러니 가만히 생각해 보자. 축구 경기는 90분이다. 그런데 전반 10분 만에 실점했다고 경기를 포기하나? 말도 안 된다. 그럴 때일수록 흐름을 되찾아야 한다. 공포에 휩쓸려 버튼을 누르기 전에 중요한 질문을 던져야 한다.

# 매도하기 전 반드시 던져야 할 질문

"이 기업은 앞으로 10년간 얼마를 벌 것인가?" 기업의 가치는 단독 기사 하나로 평가해서는 안 된다. '기업의 가치는 향후 10년 동안 벌어들일 이익으로 평가해야 한다'는 것이 제일 중요하다. 여기서 잠깐! 그런데 왜 하필 10년일까? 단기 실적은 외부 변수에 따라 요동친다. 코로나19, 원자재 가격, 환율, 정부 정책, 전쟁, 정치 리스크 등은 기업의 본질과 무관하다. 하지만 시장은 이런 단기 변수에 크게 반응한다. 그래서 단기 실적만 보고 기업 가치를 판단하면 오판할 가능성이 높다.

하지만 10년은 다르다. 실력 없는 기업은 10년을 버티지 못한다. 그동안 유행은 바뀌고, 기술은 진보하며, 소비자는 까다로워지고, 경쟁자는 끊임없이 등장한다. 지금 인기 있는 브랜드 중 10년 뒤에도 살아남을 기업이 과연 몇이나 될까? 진짜 실력이 없는 기업은 무너진다.

그래서 기업 가치를 평가할 때는 10년을 봐야 한다. 실제 투자 현장에서 쓰는 DCF 모델(할인현금흐름 모델)도 대부분 10년을 기준으로 한다. DCF 모델은 기업이나 투자의 미래 예상 현금 흐름을 현재 가치로 할인해 평가하는 방법이다. 간단히 말해서 '미래에 벌어들일 돈을 지금 가치로 계산하는 것'이다. 증권사 리포트,

연기금 평가, M&A 밸류에이션 모두 향후 5~10년의 이익 추정치를 기반으로 기업 가치를 계산한다.


## 할인율은 무엇일까?

### 할인율은 왜 필요할까?

미래의 돈은 지금보다 가치가 낮다. 1억 원을 1년 뒤에 받는 것보다 지금 받는 게 훨씬 낫다. 그사이에 인플레이션이 생기고, 투자 기회를 놓치고, 불확실성도 커진다. 그래서 미래에 벌 돈은 오늘 기준으로 깎아서 계산한다. 그걸 할인이라고 부르고, 그때 쓰는 비율이 할인율이다.

### 할인율에는 어떤 요소가 들어갈까?

할인율은 단순히 '깎는 비율'이 아니다. 그 돈을 받을 때까지 기다리는 동안 감수해야 하는 리스크를 반영한 수치다. 할인율은 크게 세 가지로 구성된다.

- **무위험 수익률:** 아무 위험 없이 벌 수 있는 최소 수익인데 보통 미국 10년 국채 금리가 기준이다.
- **시장 위험 프리미엄:** 주식은 국채보다 훨씬 위험하니까 그만큼 더 벌어야 한다. 평균 4~6% 정도 붙는다.
- **기업 고유의 위험:** 스타트업처럼 불안정한 회사는 할인율이 더 높고, 삼성전자처럼 안정적인 회사는 더 낮다.

이 세 가지를 더한 것이 최종 할인율이다. 보통 7~10% 사이에서 결정된다. 결국 중요한 것은 기업이 앞으로 10년 동안 꾸준히 돈을 벌 수 있는 구조인지와 그 돈이 지금 얼마의 가치인지다. 그리고 이 두 가지를 계산하는 것이 투자다.

여기서 문제를 하나 풀고 가자.

Q. 어떤 기업이 매년 1조 원씩 벌고, 앞으로 10년간 그 이익이 유지될 것으로 기대된다. 그런데 갑자기 CEO 리스크로 2,000억 원의 손실이 발생했다. 이때 주가는 얼마나 빠지는 게 합리적일까?

A. 10조 원 중 2,000억 원이면 2%다. 고작 2% 빠져야 맞다. 하



주식으로 부자됩시다

지만 시장은 다르게 반응한다. −10%, −20%, 심지어 −30%까지 패닉 셀링이 나온다. 심리 때문이다. 이성적으로 생각하면 2%인데, 감정은 그렇게 하지 못하게 만든다.

2020년에도 그랬다. 2020년 3월, 코로나19 팬데믹이 터졌을 때를 기억하는가? 항공, 여행, 유통, 외식, 제조업 등 모든 업종의 이익 전망이 무너졌다. 주가도 같이 무너졌다. 이때 무슨 일이 일어났는가? 미국 나스닥, 한국 코스피 모두 사상 최고가를 기록했다. 그때 가장 많이 벌었던 사람들은 누구였을까? 바로 공포 속에서 주식을 산 사람들이다.

다시 하이브 이야기로 돌아가자. 지금 우리가 보고 있는 건 하이브의 구조적 부실이 아니다. 방시혁 의장 개인의 문제다. 하이브는 첫째, BTS, 뉴진스, 세븐틴 등 아티스트 IP, 둘째, 위버스라는 글로벌 플랫폼, 셋째, 콘텐츠 제작 역량, 넷째, 세계적 팬덤까지 모두 갖춘 회사다. 방시혁 의장이 하이브를 떠난다고 이 시스템이 와르르 무너질까? 애플에서 스티브 잡스가 떠난 후에도, 삼성에서 이건희 회장이 쓰러진 후에도 회사는 여전히 강했다. 기업은 창업자 혼자 움직이지 않는다. 그동안 쌓아 온 시스템, 브랜드,

인재가 기업의 본질이다.

## 심리를 이겨야 시장을 이긴다

주식은 확률의 게임이다. 단기 공포에 흔들려 파는 것은 저확률 베팅이다. 10년 이익과 본질을 보고 사는 것은 고확률 베팅이다. 도박판에서도 블러핑에 휘둘리는 사람보다 확률 높은 쪽에 계속 베팅하는 사람이 이긴다. 이런 일은 주식 시장이 존재하는 한 계속 반복될 것이다. 그리고 그때마다 우리는 같은 선택의 기로에 선다.

- 이 기업의 10년 이익은 무엇인가?
- 이번 사건이 그 본질에 영향을 주는가?
- 지금 주가가 공포에 의해 과도하게 빠진 건 아닌가?

이 세 가지 질문에 침착하게 답할 수 있다면 기회를 줍는 사람이 된다. 결국 심리를 이기는 사람만이 시장을 이긴다. 주식 시장은 정보의 전쟁이 아니다. 심리의 전쟁터다. 누구나 정보를 얻을 수 있다. 하지만 심리를 이겨 내는 사람만이 수익을 얻는다. "공포에 사서 탐욕에 팔아라." 워런 버핏 형님의 이 말은 너무 단순해서 가볍게 보일 수도 있지만 사실 가장 강력한 투자 원칙이다.

* 2025년 5월 29일. 하이브 주가는 +2% 반등 마감하며 전일의 –10%를 담담히 되돌렸다. 그리고 5월 28일에 공포의 순간을 견딘 투자자들은 그 어떤 뉴스보다도 강한, '냉정함'이라는 무기를 손에 넣었다.

# 6

## 농구 황제가 가르쳐 준 주식 판에서
## 끝까지 살아남는 단 하나의 비밀



나는 1만 가지 발차기를 한 번씩 연습한 사람은 두렵지 않다.

하지만 한 가지 발차기를 1만 번 연습한 사람은 두렵다.

- 이소룡

# 농구 황제의 비결

1998년 6월 14일, 솔트레이크시티의 유타 재즈 홈구장. NBA 파이널 6차전. 7전 4선승제에서 시카고 불스가 3승 2패로 앞서 있었다. 불스가 이기면 끝, 재즈가 이기면 두 팀 다 7차전까지 가야 했다. 단 한 경기로 챔피언이 결정되는 운명의 밤이었다. 경기 내내 두 팀은 엎치락뒤치락 최선을 다해 싸웠다. 한쪽이 달아나면 금세 따라붙었고, 한쪽이 치고 나오면 다시 맞불을 놓았다. 18번의 동점과 8번의 역전(리드 체인지)이 나온 혈투였다.

경기 종료 17초 전. 스코어는 86:85. 유타 재즈가 한 점 앞서 있었다. 모든 유타 팬이 7차전을 꿈꿨다. 하지만 그걸 용납하지 않는 한 사람이 있었다. 마이클 조던이었다. 공이 그의 손에 들어왔다. 조던 앞을 막아선 수비수는 브라이언 러셀. 유타 재즈에서 조던을 가장 잘 막는 선수였다. 조던은 아랑곳하지 않고 천천히 드리블을 치며 전진했다. 러셀의 시선을 유도하고, 스텝을 빼앗고,

오른손으로 공을 쥐었다. 러셀의 몸이 휘청거리며 코트에 미끄러 졌다….

경기 종료 6.6초 전. 조던은 조용히 코트 위로 떠올랐다. 관중 석은 경기가 끝났다는 듯 절규와 탄식을 내질렀다. 어떤 관객은 두 손으로 머리를 부여잡은 채 차마 눈을 뜨지 못했고, 어떤 관객 은 망연자실한 표정으로 넋을 잃었다. 공이 조던의 손끝을 떠나 포물선을 그리며 링을 통과했다. 87:86로 역전. 유타 재즈의 홈 구장에는 무거운 침묵이 흘렀다. 유타의 희망이 실린 마지막 공 격은 실패했고, 이로써 시카고 불스는 여섯 번째 우승을 확정지 었다. 이후 조던의 슛은 '더 라스트 샷'이라는 이름을 얻었다.

새처럼 날아올라 덩크슛을 날리고, 수비수를 농락하며, 마지 막 순간을 스스로 결정짓는 남자. 세계 최고의 농구 황제 마이클

승부를 가른 마이클 조던의 마지막 슛.

조던은 여섯 번째 챔피언 반지를 손에 넣은 날에 은퇴를 선언했다.

사람들이 물었다. "당신을 최고로 만든 비결은 뭔가요?" "어떻게 그토록 완벽한 슛을 넣을 수 있었나요?" "압박 속에서도 흔들리지 않는 이유가 뭐죠?" 쏟아지는 질문에 조던은 미소를 지으며 말했다. "기본기를 완전히 익혀야 합니다." 순간 사람들은 당황했다. '기본기? 그게 다야?' 뭔가 특별한 비밀이 있는 줄 알았는데. 사람들은 극한의 멘탈 트레이닝, 천부적인 소질, 혹은 그만의 특별한 집중 방법 같은 비결을 기대했다. 하지만 조던은 단호했다. "잘못된 자세면 하루 8시간을 연습해도 아무 의미가 없어요. 나쁜 습관만 몸에 새깁니다. 기본기를 벗어나면, 경기든 공부든 일이든 결국 무너집니다."

마이클 조던은 누구보다 화려했다. 중력을 거스른 듯 날아오르고, 경기장을 지배하며, 역사에 남을 순간을 만들었다. 하지만 그 화려함은 수천 번 반복한 기본기에서 나왔다.


## 세계 최고는 기본기에서 나온다

FC바르셀로나의 전설적인 유소년 아카데미인 '라 마시아La Masia'는 리오넬 메시, 안드레스 이니에스타, 사비 에르난데스 등을 배

출한 세계 최고의 축구 인재 양성소다. 그런데 이곳은 화려한 개인기나 전술 훈련보다 기본기를 절대적 우선순위에 둔다. 전체 훈련 시간의 70% 이상을 트래핑, 패스, 볼 컨트롤 등 기본기 반복에 투자한다.

네덜란드 아약스의 유소년 아카데미 역시 요한 크루이프, 데니스 베르캄프, 라파엘 판데르 파르트 등 수많은 스타를 배출했다. 축구 명문 아약스의 공식 아카데미 매뉴얼에는 명확한 원칙이 있다. "퍼스트 터치, 패스, 볼 컨트롤이 모든 기술의 시작이다." 아약스 유소년들은 매일 이와 같은 기본기를 지겹도록 반복한다.

아직 기량이 완성되지 않은 유소년들만 기본기에 긴 시간을 투자할까? 성인 팀도 마찬가지다. 세계 최고의 팀 FC바르셀로나도 기본 패스 훈련을 수천 번 반복한다. 공을 잡는 감각, 내보내는 리듬, 팀워크에 맞춘 타이밍. 이런 기본기 훈련이 FC바르셀로나가 세계에서 가장 아름다운 축구를 할 수 있는 이유다.

## 프로가 강조하는 기본기,
## 아마추어가 경시하는 기본기

아마추어들은 기본이 얼마나 중요한지 모른다. 조기축구회만 나


주식으로 부자됩시다

가 봐도 금세 알 수 있다. "시간 없으니까 바로 경기부터 시작하자." 대부분이 이런 식이다. 몸도 제대로 안 풀고 경기만 뛰려고 한다. 아마추어에게 워밍업은 시간 낭비다. 기본기 연습은 지루하다며 건너뛴다. 왜 그럴까?

당장 경기를 뛰면서 어설픈 골이라도 넣는 게 재미있기 때문이다. 그러면 뭔가 인정받고 잘하고 있다는 느낌이 든다. 하지만 이게 바로 아마추어와 프로를 가르는 결정적 차이다. 몸을 푸는 것은 기본 중의 기본이다. 차가운 근육으로는 제대로 된 움직임이 나올 수 없다. 몸이 따뜻해지고 관절이 풀려야 그때 진짜 기술이 발휘된다. 프로 선수들은 90분의 축구 경기를 위해 경기 전 최소 1시간 이상 스트레칭, 코어 운동, 유연성 운동을 한다.

아마추어들은 어떤가? 준비 운동도 안 하고는 경기에서 실수하면 온갖 핑계만 늘어놓는다. "아, 오늘 잔디가 이상하네." "어제 늦게 잤더니 컨디션이 안 좋네." "공이 좀 이상한 것 같은데?" 말도 안 되는 핑계만 댄다. 잔디 문제, 컨디션 문제가 아니다. 기본기 문제다. 기본기가 없으니 아무것도 안 되는 거다. 다들 경기는 메시처럼 잘하고 싶어 하면서 정작 메시가 매일 하는 기본기 연습은 하지 않는다. 화려한 개인기만 따라 하려 하고, 지루한 기본기는 대충 넘어간다. 결과는 뻔하다. 수십 년을 해도 실력은 제자리걸음이고 실수는 반복된다. 진짜 실력은 지루한 기본기 반복에서 나오기 때문이다. 매일 같은 동작을 수백 번, 수천 번 연습할 때 근육이 기억하고, 몸이 자연스럽게 반응한다. 기본기 없이는 아무것도 쌓을 수 없다.

## 주식 투자의 기본기

주식 투자에서도 기본기는 생존과 성공의 핵심이다. 기본기 없이 주식 시장에 뛰어드는 것은 무장하지 않고 전장에 들어가는 것과 같다. 이 바닥은 전 세계 타짜들이 목숨 걸고 베팅하는 전쟁터다. 그런 곳에서 기본기 없이 덤비는 것은 죽음을 의미한다. 기본기 가 없으면 아무리 날카로운 무기를 들어도 자신에게 칼날이 돌아 온다. 기술도, 전략도, 기본기 위에 세워질 때 비로소 빛을 발한 다. 기본기 없이 쌓은 기술은 허상에 불과하다.

워런 버핏이 수십 년 동안 연평균 20%라는 대단한 수익률을 기록할 수 있었던 것이 복잡하고 정교한 투자 기법 덕분이었을까? 그의 성공은 단순한 원칙 위에 세워져 있다. 기업의 재무제표를 꼼꼼히 읽고, 사업 모델을 이해하고, 장기적인 관점에서 투자하는 것. 화려한 기술이 아니라 기본기를 끝까지 지켰기에 가능했다. 그 렇다면 주식 투자에서 말하는 기본기란 구체적으로 무엇일까?

## 첫째, 재무제표 읽기

기업이 내놓는 재무제표는 일종의 건강검진표다. 손익계산서, 재무상태표, 현금흐름표를 통해 회사가 돈을 얼마나 벌고, 얼마를 쓰며, 현금은 남는지, 부채는 감당 가능한 수준인지 등을 파악할 수 있다. 처음 재무제표를 읽을 땐 복잡하게 생각할 필요가 없다. 일단 다음 세 가지부터 확인하자.

### ① 매출이 꾸준히 증가하고 있는가?

는다면 고객이 늘고, 시장을 확장하고 있다는 뜻이다. 반대로 매출이 줄고 있다면, 제품 경쟁력이 떨어졌거나 산업이 쇠퇴 중일 수 있다.

### ② 영업이익과 순이익이 함께 증가하고 있는가?

매출만 증가하고 이익이 증가하지 않으면 원가 구조에 문제가 있거나 마케팅 비용이 과도할 수 있다. 이익이 안정적으로 증가하고 있다면, 그 기업은 사업 모델에 힘이 있다는 뜻이다.

### ③ 배당이 꾸준히 증가하고 있는가?

주주환원을 중시하는 기업일수록 재무 구조가 안정적이고, 현금

흐름이 좋을 가능성이 높다. 특히 무리해서 배당하지 않고, 이익
성장과 함께 자연스럽게 배당이 늘어나는 흐름이 이상적이다.

이 세 가지만 꾸준히 체크해도 대부분의 위험은 피할 수 있다.
조금 더 실력이 늘면 현금흐름표도 확인하자. 어떤 회사의 매
출과 이익이 매년 20%씩 증가하고 있다고 가정해 보자. 표면적으
로는 고성장 기업처럼 보인다. 그런데 현금흐름표를 들여다보니
영업활동 현금 흐름이 마이너스다. 오히려 해가 갈수록 적자가 심
해지고 있다. 이것이 어떤 의미일까? 이익은 나고 있지만 실제로
는 외상 판매가 늘어 현금이 들어오지 않거나 재고와 설비 등에
돈이 묶여 영업 현금 흐름이 마이너스로 전환됐을 가능성이 있
다. 회계상 이익은 있지만, 실질적 현금은 사라지고 있다. 이런 회
사는 돌연 유동성 위기를 맞을 수 있다.

## 둘째, 기업과 산업에 대한 이해

어떤 기업에 투자하려면 그 기업이 무엇을 팔아 돈을 버는지, 경쟁
사는 누구인지, 산업이 앞으로 커질지 줄어들지 정도는 이해하고
있어야 한다. 전설적인 투자자 피터 린치Peter Lynch는 "어떤 기업을
2분 이내에 열 살 어린이에게 설명할 수 없다면 그 주식을 사지 마

라”고 했다. 예를 들어 A라는 회사가 차세대 2차전지 전해질 첨가제를 만든다는 뉴스를 봤다. 이걸 보고 “오, 신기술이네”라며 무턱대고 사면 고점에 물리는 일이 다반사다. 2023년 2차전지 광풍 때 묻지마 투자를 한 사람들의 계좌를 보면 아직도 80~90% 손실이다. 어떤 뉴스를 봐도 이것이 누구에게 어떻게 팔리는 제품인지, 대체재는 무엇이고, 진입 장벽은 얼마나 되는지, 산업 내 경쟁자와 비교해 기술력이 뛰어난지 이제 시작인지 끝물인지를 파악해야 한다.

## 셋째, 리스크 관리

리스크 관리는 선택이 아니라 생존 필수품이다. 한 종목에 전 재산을 몰빵하거나 실력도 없이 빚내서 투자하는 건 투자가 아니라 도박이다. 기본기가 있는 투자자는 수익보다 먼저 손실 가능성부터 계산한다. 한 종목에 얼마까지 넣을지, 현금은 얼마나 남겨야 할지, 시장이 좋을 때와 나쁠 때 전략을 어떻게 바꿀지, 모든 시나리오를 미리 시뮬레이션해 본다. 반대로 아무 생각 없이 몰빵하거나 신용이나 미수로 무리하게 투자하면 어떤 일이 벌어질까? 딱 하나의 악재 뉴스만으로도 주가는 크게 하락하게 되고, 내 계좌는 큰 손실을 입게 된다.

투자는 확률 게임이다. 아무리 분석을 잘해도 100% 확신은 불가능하다. 그런데 레버리지까지 썼다면? 조금만 틀려도 손실은 배로 커지고, 복구는 기하급수적으로 어려워진다. 한 번 크게 깨지면 회복까지 몇 년이 걸리거나, 아예 시장에서 퇴출된다. 지금까지 수십억 원을 벌었던 사람도 리스크 관리를 제대로 못 해서 결국 깡통을 찬다. 리스크 관리는 생존의 핵심이다.

## 넷째, 밸류에이션

가장 중요한 밸류에이션이다. 주식 시장의 기본 원리는 단순하다. 싸게 사서 비싸게 팔아야 돈을 번다. 누구나 아는 원칙이다. 하지만 막상 실전에 들어가면 대부분은 그 반대로 행동한다. 쌀 때는 무섭고, 비쌀 때는 설렌다. 왜 그럴까? 싸고 비싼 기준, 즉 밸류에이션 감각이 없기 때문이다.

PER(주가수익비율)이 10배면 싼 걸까? PER은 상대적이다. 어떤 회사는 PER 10배도 비싸고, 어떤 회사는 PER 30배도 싸다. 가령 어떤 기업의 PER이 10배다. 그런데 같은 산업군 평균 PER이 25배다. 동시에 그 회사는 ROE 20%, 영업이익률 15%, 3년간 연평균 이익성장률도 20%다. 이건 싸다고 할 수 있다. 동일 산업 내에서 이익도 안정적이고 성장성도 뛰어난데 PER이 낮다는 것은 시장 참여자들이 아직 이 회사를 제대로 평가하지 못했다는 뜻이다. 반대로 PER이 5배밖에 안 된다. 근데 최근 2년간 이익이 들쑥날쑥하고, 작년 순이익은 자회사 매각 덕분에 일시적으로 튀어 올랐고, 본업은 적자이거나 경쟁 심화로 마진이 계속 줄고 있다. 이건 PER이 5배라도 비싸다.

2020년 코로나19 폭락 장에서 삼성전자는 4만 원대까지 밀렸다. 하지만 그때 사람들은 무서워서 못 샀다. "더 떨어질까 봐. 외국인이 자꾸 파니까." 그러다 8만 원, 9만 원을 돌파하자 분위기가 바뀐다. "우아, 역시 진격의 삼성전자, 왕의 귀환, 10만 전자 가즈아." 그리고 많은 개인 투자자들이 2021년 1월 11일, 96,800원에 추격 매수했다. 삼성전자가 본전을 회복하기까지는 4년 넘는 시간이 걸렸다. 밸류에이션을 하지 않는 투자자들의 전형적 실패 패턴이다. 저점에서는 두려워하고, 고점에서는 흥분한다. 이렇게 밸류에이션을 못 하면 가격은 오로지 기분과 뉴스에 따라 결정되고 만다.


## 돈은 기본기가 벌어다 준다


시장이 좋을 땐 누구나 돈을 번다. 아무 종목이나 사도 오르니까.

그때는 용감하게 지르는 사람이 수익을 낸다. 문제는 많은 사람이 내가 잘해서 돈을 번 줄 착각한다는 것이다. 수십, 수백 번을 강조하지만 돈은 시장이 벌어다 준다. 운 좋게 바람 한 번 잘 탔다고 내가 항해 실력이 뛰어난 줄 아는 것은 완벽한 착각이다. 진짜 고수는 그게 운 바람이라는 것을 안다. 그래서 성공한 사람은 기본기가 유일한 길이라는 것을 안다.

기본기 훈련은 지겹고, 반복적이고, 눈에 잘 안 보인다. 하지만 그걸 견디는 사람만이 결국 끝까지 살아남는다. 지금 당장 점검하자. "내가 매일 기본기 훈련을 하고 있는가?" 타짜가 득시글거리는 이 바닥에서 살아남고 싶다면 기본기부터 다져라. 그게 돈 버는 가장 확실한 길이다.

# 7

# 성시경이 후회할 때
# 버핏은 신문을 읽는다

JOURNEY TO WEALTH

평범한 사람은 시간을 소비하는 데 마음을 쓰고,

재능 있는 사람은 시간을 이용하는 데 마음을 쓴다.

- 쇼펜하우어

# 성시경이 후회하는 이유

"난 후배들 만나면 꼭 이 얘길 해. 딴 것 다 필요 없고, 외국어 공부하라고. 내가 어릴 때 그걸 못 했거든. 그냥 술만 마셨어. 지금 생각하면 너무 아까워. 그 시간에 공부했으면, 6개 국어는 했을 거야. 결혼도 했을지 모르지." 가수 성시경이 한 방송에서 꺼낸 이야기다. 담담하게 말했지만 그 속엔 묵직한 후회가 담겨 있었다. 성시경은 연예계에서 소문난 주당이다. 그와 함께 해가 뜰 때까지 술을 마셨다는 사람도 많다. 그의 20~30대는 일하고, 술 마시는 일의 반복이었다고 한다.

"특별한 일이 없으면 매일 마셨어요"라고 고백한 성시경에게 남은 건 후회뿐이다. 그대로 멈췄다면 그저 그런 후회담으로 끝났을 것이다. 그런데 성시경은 마흔 넘어서 일본어 공부를 시작했다. 하루에 3시간씩 매일 했다고 한다. 늦게까지 술 마신 날에도 반드시 1시간은 공부하고 잤다. 주변에서는 "그 정도면 악질 아니냐”며 혀를 찼다. 그래도 멈추지 않았다. 결국 1년 반 만에 일본어능력시험 1급에 합격했다. 이제는 일본어로 방송도 진행하는 실력자가 되었다.

## 워런 버핏은 하루를 어떻게 보낼까?

우리 시대 최고의 투자자 워런 버핏도 처음부터 투자의 귀재였던 것은 아니다. 하지만 어릴 적부터 책벌레로 유명했다. 열 살 무렵엔 오마하 도서관에 있는 투자 관련 서적을 모조리 읽어 치웠다. 심지어 한 번도 모자라, 두 번씩 반복해서 읽었다. 1930년생으로 만 96세가 된 지금도 워런 버핏은 하루 대부분을 읽는 데 쓴다. 아침에 사무실에 도착하자마자 신문, 사업보고서, 책을 쉼 없이 넘긴다. 버핏의 평생 파트너였던 찰리 멍거Charles Munger는 “나는 책을 읽지 않고 현명해진 사람을 한 명도 본 적이 없다. 버핏을 봐라. 그는 하루 중 절반을 독서로 채운다”라고 했다.

버핏은 이렇게 강조했다. “세상에는 알아야 할 것이 넘쳐 나는데 학교는 그걸 다 가르쳐주지 않는다. 일간지를 읽으면 세상의 움직임이 보이기 시작하고, 그러다 보면 자연스럽게 관심 분야가 생겨 더 알고 싶어지고, 더 깊게 파고들게 된다.” 읽기에 대한 그의 호기심과 집요함이 오늘날 워런 버핏을 투자의 귀재로 만들었다.


## 시세 창만 보고 있는 당신에게

주식 투자는 단순히 숫자 게임이 아니다. 정치, 경제, 기업, 기술, 사회, 심리까지 아우르는 종합예술이다. 그 모든 시작은 읽는 것에서 출발한다. 그렇다면 우리는 하루 중 얼마의 시간을 '투자자'로서 살고 있는가? 돈을 넣었다고 해서 모두가 투자자가 되는 건 아니다. 진정한 투자자는 매일 긴 시간을 투자 공부에 쓰는 사람이다. 주식을 5년 했다고 말해도, 매일 HTS 화면만 들여다보면서 자신의 감정에 따라 사고팔기를 반복했다면 사실상 5년을 허비한 셈이다.

특히 하루 종일 시세 창을 보는 것은 진짜 시간 낭비다. 시세가 움직이는 것을 보고 있으면 당장은 내가 뭔가 하는 것 같은 느낌이 든다. 단타 고수들처럼 나도 빠르게 호가 창을 따라 매매하면 돈을 벌 수 있을 것 같고, 시장을 꿰뚫고 있는 것 같은 착각이 든다. 하지만 매매 횟수는 늘고 까먹는 날이 대부분이다. 결국 아무것도 남은 것이 없다는 것을 깨닫는다.

장중 시세를 자주 쳐다보지 마라. 시세는 변한다. 오르고 내리는 것은 수급의 일시적 충돌일 뿐이다. 기업의 본질은 하루아침에 바꿔지 않는다. 그런데도 우리는 시세에 흔들리고, 감정에 휘둘린다.

왜 그럴까? 밸류에이션을 하지 않았기 때문이다. 공부한 것이 없으니 확신도 없고, 확신이 없으니 시세 하나에 무너진다. 진짜 중요한 것은 오늘의 등락이 아니다. 그 기업의 6개월 후, 1년 후 모습이다. 어떤 종목을 골랐다면 관련 뉴스, 기업 공시, 애널리스트 리포트 등 가능한 모든 정보를 모으고 분석하라. 기업의 가치를 스스로 평가(밸류에이션)하고, 묵묵히 그 가치가 올 때까지 기다리면 된다.

주식 시세만 쳐다보고 있는 이들에게 전설적인 투자자이자 세계적인 베스트셀러 『돈, 뜨겁게 사랑하고 차갑게 다루어라』의 저자인 앙드레 코스톨라니André Kostolany가 속삭인다. "이 어리석은 친구들아. 주식은 그렇게 하는 게 아니야. 개를 데리고 산책 나갈 때, 개가 앞서거니 뒤서거니 할 수는 있어도 결국엔 주인을 따라가게 되어 있어." 그의 말처럼 주가는 오르기도 하고 내리기도 한다. 하지만 결국엔 기업의 가치로 수렴한다.


## 시간 사용법이 인생을 결정한다

누구에게나 하루 24시간이 똑같이 주어진다. 그 시간을 어떻게 쓰느냐에 따라서 우리의 5년 후 계좌가 아니, 5년 후 인생이 달라진다. 그러니 온종일 시세 창을 붙잡는 대신 신문을 읽고, 변화를 해석하고, 생각을 정리하라. 그래야만 엔비디아, 테슬라, 팔란티어 같은 10배 상승할 주식, 나의 인생을 바꿀 주식을 만날 수 있다.

진짜 투자자로 성장하기 위한 다음 네 가지 질문을 마음속에 새기길 바란다.

### ① 나는 하루에 얼마나 읽고 있나?

워런 버핏은 매일 5~6시간을 읽는 데 쓴다. 그조차도 더 읽고 싶어 안달이 날 정도라고 한다. 읽지 않는다면, 냉혹하게 말해 투자자로서 자격이 없다.

### ② 단 하나의 기사라도 제대로 읽고 있나?

수십 개의 기사를 읽어도 미래를 상상해 보지 않으면 아무 소용 없다. 단기 뉴스든, 장기 흐름이든 읽고 나서 나만의 시나리오를 만들고, 그것이 맞았는지 꾸준히 점검해야 한다. 그 과정이 실력을 만든다.

### ③ 읽은 내용을 정리하고 있나?

읽고 정리하지 않으면 성장할 수 없다. 간단한 메모라도 좋다. 핵심을 요약하고, 내 생각을 덧붙이는 습관을 들여야 한다.

### ④ 내가 읽는 내용이 진짜 투자에 도움되나?

투자에 도움되지 않는 흥미 위주의 콘텐츠에 시간을 쓰고 있다면 그건 공부가 아니라 낭비다. 진짜 공부는 투자에 직접 연결되는 정보, 통찰을 키울 수 있는 자료를 읽는 것이다. 정치, 경제, 사회처럼 시장에 영향을 주는 핵심 주제를 중심으로 읽어야 세상을 입체적으로 이해하게 되고, 그 안에서 투자 통찰이 생긴다.

4부  언제 사고 언제 팔 것인가

WEALTH

행동하는 법

**1**

# 하나만 잘해도 먹고산다

JOURNEY TO WEALTH

한 가지 분야에서 최고가 된다면, 세상이 당신을 찾아올 것이다.

설령 당신이 숲속 깊은 곳에 집을 짓고 산다 할지라도.

- 랄프 왈도 에머슨

# 신명호는 어떻게 살아남았을까?

2014년 12월 2일, KBL 전자랜드와 KCC와의 농구 경기가 펼쳐졌다. 그리고 이 경기에서 아직도 회자되는 한 문장이 탄생했다. "야, 신명호는 놔두라고." 유도훈 전자랜드 감독의 고함이 체육관 벤치를 찢을 듯 울려 퍼졌다. "40분 내내 얘기했는데 안 들어 먹으면 어떡하자는 거야!" 숨죽인 선수들은 감독의 분노 어린 시선을 피해 고개를 숙였다. 유 감독은 경기 전 훈련에서도 같은 말을 수십 번 반복했다. "신명호가 3점 라인에 서 있으면 그냥 놔둬. 막지 마. 숫 쏘게 둬."

막상 경기에 들어가자 전자랜드 선수들은 신명호를 그림자처럼 따라붙었다. 이를 본 유 감독은 속터져 하며 작전타임을 불렀다. 감독의 분노가 식기도 전에 작전타임이 끝났고, 선수들은 서둘러 다시 코트로 나섰다. 전자랜드 선수들은 감독의 주문을 이해했다는 듯 고개를 끄덕였지만 마음 한쪽에는 불안함이 피어났

다. '아무리 그래도 수비하지 말고 놔두라고? 말이 돼?'

유 감독의 전략에는 이유가 있었다. 농구에는 '새깅sagging'이라는 수비 전술이 있다. 슛은 약하나 돌파가 위협적인 선수에게 일부러 거리를 두고, 슛을 유도해 실수를 이끄는 방식이다. 유 감독은 바로 그 전략을 쓰고 있었다.

유도훈 감독의 작전 지시.

신명호는 KCC에서도 손꼽히게 슛이 약한 가드였다. 그런데 이 형편없는 슛을 가진 선수가 서른일곱 살까지 무려 13년간 프로 무대에서 살아남았다. 그는 13년간 평균 2.3득점, 자유투 성공률 54%, 3점슛 성공률 22.9%를 기록했다.

눈에 띄는 공격 스탯stat은 하나도 없었으나 수비 하나는 최고였다. 신명호 선수는 빠른 발과 왕성한 활동력을 바탕으로 상대 팀 에이스를 전담했다. 당시 소속 팀 KCC 사령탑이던 허재 감독도 "신명호 선수는 전체적인 능력은 부족할지 몰라도 수비만큼은 1등이다"라고 자신 있게 말했다. 신명호의 대학 시절 코치였던 김현국 현 경희대 감독은 그에게 중요한 조언을 건넸다. "너는 대학 선수들 가운데 제일 빠르다. 당장 슛이 안 좋더라도 돌파해서 동료를 살릴 수 있다면 그것만으로 충분히 경기에 나갈 수 있다. 그리고 수비에 힘을 쏟아라."

김 감독의 조언은 신명호 선수에게 큰 지침이 되었다. 신 선수는 이 조언을 들으며 하루하루를 버텨 냈고, 김 감독의 말대로 3학년 때부터 기량이 눈에 띄게 오르기 시작했다. 결국 수비 하나로 냉혹한 프로 세계에서 13년간 생존했다.


## 주식 시장도 하나만 잘하면 된다

많은 사람이 주식 투자에 뛰어든다. 그러나 대부분 손실만 입는다. 왜일까? 자기만의 방식을 찾지 못했기 때문이다. 모든 걸 잘할 필요는 없다. 하나만 특출나게 잘해도 살아남을 수 있다. 내가 아는 한 형님은 여의도 프랍 데스크의 전설로 불린다. 형님의 투


주식으로 부자됩시다

자 철학은 단 하나다. "센 놈만 건드린다." 오로지 가장 강한 종목, 가장 많은 거래대금, 가장 강한 추세에만 베팅한다. "최선의 방어는 공격이다"라는 말을 실천해 자신만의 스타일을 창조해 냈다. 또 다른 형님은 가치투자 전문가다. 10년 이상 저평가 주식만 조용히 모으고 있다. 거래량도 뉴스도 없는, 남들은 보지도 않는 종목을 꿋꿋하게 산다. 그리고 3년 후에 5배 수익을 들고 웃는다. 두 사람 모두 시장에서 10년 이상 살아남았다. 둘 다 필살기가 있기 때문이다. 적자생존, 약육강식의 주식 시장에서 나만의 필살기가 있다면 평생 돈을 벌 수 있다.

내가 지난 30년간 무시무시한 주식 시장에서 살아남을 수 있었던 이유는 주가와 내재 가치에 엄청난 괴리가 발생했을 때 시장의 기능을 믿고 과감히 매수한다는 원칙을 지켰기 때문이다. 주식 시장에는 기업의 본질은 그대로인데 공포가 시장을 덮쳐 심리 하나만으로 주가가 폭락하는 순간이 부지기수다. 나는 그럴 때 눈 딱 감고 지른다. 눈을 감는 이유는 나도 공포감이 드니까. 하지만 경험상 공포의 크기가 크면 클수록 보상도 커졌다. 시간이 지나면 주가는 언제 그랬냐는 듯 빠르게 전고점을 뚫었다.

# 워런 버핏와 하워드 막스의 방식

워런 버핏도 그랬다. 2008년, 리먼브라더스가 무너지면서 미국 금융 시스템 전체가 흔들렸다. 모든 투자은행이 곤두박질쳤다. 투자자들이 너도나도 현금화를 외칠 때, 버핏은 정반대로 움직였다. 골드만삭스가 흔들리던 순간에 버핏은 50억 달러라는 막대한 자금을 투입했다. 대가로 받은 건 보통주로의 전환이 가능한 우선주, 그리고 연 10% 이자. 남들이 도망칠 때 워런 버핏은 달려들었다. 결과는? 우리가 너무나 잘 알듯이 골드만삭스는 살아났고 버핏은 단 한 번의 거래로 수십억 달러를 벌었다.

하워드 막스Howard Marks는 "공포는 투자자의 친구"라는 말을 자주한다. 그는 시장에 극심한 공포와 비관이 몰아치는 위기 속에서 기회를 포착해 왔다. 2008년 글로벌 금융위기 때 대다수 투자자가 보유 자산을 현금화하거나 안전자산으로 이동시켰다. 하지만 하워드 막스는 부실 채권Distressed debt, 고위험 채권High yield bonds, 리츠Reits, 신흥국 채권 등에 공격적으로 투자했다. 그 결과, 위기 발생 1~2년 만에 막스의 펀드는 연평균 30%가 넘는 폭발적인 수익률을 기록했다. 일부 딜이나 투자 건에서는 누적수익률이 세 자릿수(100% 이상)에 도달하기도 했다.

# 나만의 필살기, 어떻게 찾을까?

이제 나만의 필살기 찾는 방법을 알아보자. 처음엔 뭐든지 해 봐야 한다. 처음부터 정답을 터득할 수는 없다. 중요한 건 하나를 정해서 최소 3개월은 끝까지 해 보는 것이다. 단타든, 스윙이든, 중·장기 투자든 상관없다. 대신 반드시 '기록'을 남겨야 한다.

- **어떤 종목을 샀는가?**

- **왜 샀는가?**

- **언제 샀고, 언제 팔았는가?**

- **매수·매도 당시 어떤 감정이었는가?**

- **기대했던 흐름은 무엇이었고, 실제는 어떻게 달랐는가?**

이것이 나의 스타일을 찾는 첫 번째 단서다. 중요한 것은 매매가 왜 성공하고 실패했는지 확실히 알아야 한다는 점이다. 그 이유를 모른다면 아무리 높은 수익을 내도 운일 뿐이다. 운으로 몇 번 수익을 낼 수는 있겠지만 운은 절대 반복되지 않는다.

그다음은 나 자신을 알아야 한다. 이렇게 한 가지 방법으로 3개월쯤 투자를 이어 나가다 보면 수익보다 더 중요한 것이 보이기 시작한다. '나는 언제 마음이 편하지?' 고대 그리스의 델포이 신전에는 '너 자신을 알라'는 오래된 격언이 새겨져 있다. 소크라테스가 자주 인용해서 널리 알려진 말이다. 이 격언은 자신이 누구인지, 무엇을 잘하고 못하는지, 어떤 가치를 추구해야 하는지를 끊임없이 탐구해야 함을 강조한다. 투자자도 마찬가지다. 나 자신을 알아야 성공적이고 행복한 투자를 할 수 있다. 돈을 벌었는데도 잠을 설치고, 주가가 오르고 있어도 불안하다면 내가 하는 방식이 나와 맞지 않는다는 뜻이다. 이와는 반대로 종목이 빠져도 마음이 편안하고 계획한 대로 움직이는 것만으로도 만족스럽다면 나의 리듬에 맞는 스타일이라는 증거다.

예를 들어 어느 종목을 사고 나서 며칠을 가만히 두는 것이 너무 답답하고 불안한가? 장기 투자가 안 맞아서 그렇다. 종목이 하루에 10%씩 움직이는데 가슴이 쿵쾅거리고 손이 덜덜 떨리는가? 단타 체질이 아니다. 나에게 맞지 않는 스타일은 이론적으로 아무리 좋아도 실전에서는 통하지 않는다. 스트레스를 견디지 못하는 방식이 오래갈 리 없다. 수익은 일시적일 수 있지만 마음의 평온은 지속이 가능하다. 그렇기에 매매일지에는 투자자인 나의 감정을 기록해야 한다. 내가 어떤 상황에서 흔들리고, 어떤 순간에 편안했는지를 복기하다 보면 내가 어떤 투자자인지 조금씩 윤곽이 보일 것이다.

시간이 지나면 반복되는 수익의 '패턴'이 보인다. 가령 52주신고가에서 진입하면 잘 된다거나 시장에서 강한 주식이 눌릴 때 들어가면 돈이 된다거나 등의 반복되는 성공 경험이 누적되면 더는 '운'이 아니다. 이것이 나의 '필살기'가 된다. 그리고 이 필살기는 갈고닦을수록 더 예리해진다. 여기서도 제일 중요한 것은 기본기다. 아무리 새로운 전략을 시도해도 기본기가 없다면 그냥 '도박'이다. 단타를 해도, 스윙을 해도, 중·장기 투자를 해도 기본이 없으면 절대 살아남지 못한다.

## 하나만 잘하자

하나만 잘하면 그다음은 저절로 따라온다. 신명호 선수도 수비 하나로 13년을 버텼다. 투자도 똑같다. 하나의 방식이라도 반복적으로 수익을 낼 수 있다면 그 사람은 시장에서 살아남을 수 있다. 하나의 방식이 쌓이고 나면 그 위에 또 다른 방식을 얹을 수도 있다. 수비만 하던 신 선수가 어느 날 돌파를 해내고, 동료에게 멋진 패스를 하기 시작했던 것처럼 말이다. 하나의 전략에서 확신을 얻은 투자자는 자연스럽게 다른 전략도 배워 나갈 수 있다. 자신만의 투자 스타일을 발견하고 그에 맞는 전략을 구사한다면 시장은 영원히 당신 편이 될 것이다. 지금 당신의 필살기는 무엇인가?

# 2

# 주식은 확률 베팅이다:
## 타짜가 잡아내는 뻥카

JOURNEY TO WEALTH

투자는 당신이 맞았는지 틀렸는지가 중요한 것이 아니라, 맞았을 때 얼마를 벌고 틀렸을 때 얼마를 잃는가의 확률 게임이다.

- 조지 소로스

## 타짜가 뻥카를 잡아내는 법

"내가 지금 약간 의심이 들거든. 어떻게 내가 뻥카 칠 때마다 다 잡아내는 거야?" 호구는 짜증이 났다. 자신은 치밀하게 속인다고 생각했는데, 계속 들키기만 한다. "아니, 이 형님은 무슨 영업 비밀을(알려고 해요)…." 타짜 도일출(박정민 분)은 호구를 가소롭다는 듯 쳐다본다. "내 뻥카가 계속 다 잡히는 이유를 설명해 봐."

호구는 속이 탄다. 현찰 100만 원을 타짜에게 건네며 왜 뻥카가 걸리는지 알려 달라고 한다. 타짜는 한숨을 쉬며 말한다. "형님, 습관이 있어요. 이게 존나 무서운 거라고. 히든이 들어왔다? 카드를 존나 쪼아서 봐. 이게 개패일 때 쪼는 거랑 차이가 너무 나거든. 근데 히든에서 뻑이 났다. 씨발 노메이드, 이거 뻥카로 가야겠다. 그럼 그때부터 블러핑할 준비를 해요. 이렇게 카드를 반듯하게 놓으면서. 오히려 메이드가 되면 카드를 좀 이렇게 흐트려 놔요, 이렇게. 그리고 결정적으로…. 리듬이 달라요. 근데 뻥카 할 때는, 반박자씩 꼭 빠르거나 느리더라고." 호구는 그 말이 끝나고도 한참 멍했다. 자신이 치밀한 속임수를 쓴다고 믿었지만, 실은 그의 모든 행동이 타짜 손바닥 위에 있었다.


## 왜 사람들은 개패에 베팅할까?

사람들이 개패에 베팅하는 이유는 의외로 간단하다. '한 방'에 대한 환상 때문이다. 얼마를 잃어도 한 번의 대박으로 인생을 역전할 수 있을 것 같다는 망상이다. 《타짜》에서 고니는 곽철용(김응수 분)을 가장 낮은 패인 '한끗'으로 속이며 단판에 5억 원을 쓸어 담는다. 그 영화 같은 이야기가 나에게도 가능할 것만 같다. 현실


주식으로 부자됩시다

세계에서는 이와 같이 드라마틱한 일은 자주 발생하지 않는다. 영화는 영화일 뿐이다. 도박 중독자들이 도박을 절대 끊지 못하는 이유는 단 하나, '한 번 크게 이겼던 기억' 때문이다.

주식 시장에서도 가끔 터무니없는 대박이 터진다. 코스닥의 '리드코프'는 2000년 1월 20일부터 3월 17일까지 40거래일 연속 상한가를 기록했다. 2개월 만에 주가가 10배로 치솟았다. 첫날 100만 원을 투자했다면 고점에서 1,000만 원을 손에 쥘 수 있었다. 그 외에도 이렇게 한 방 크게 했던 종목들이 여러 개 있었다.

전설 같은 사례는 여러 사람을 홀린다. "누구는 이런 걸로도 먹었는데, 나라고 못 할 게 뭐야? 그래, 인생 한 번 살지 두 번 사냐!" 이런 허황된 꿈을 꾸는 순간, 악마가 귓가에 대고 속삭인다. "이거 너한테만 주는 정보야. 이번에 기막힌 호재가 있으니까 꼭 사. 지난번에 내 친구가 한 달 만에 3억 원을 벌었다니까."

**코스닥·코스피 주요 종목 연속 상한가 현황**

| 구분 | 종목명 | 시작일 주가 | 종료일 주가 | 등락률 | 연속 일수 | 상한선 |
|---|---|---|---|---|---|---|
| 코스닥 | 리드코프 | 2만 8,400원 (2000.1.20) | 27만 4,500원 (2000.3.17) | 866.5% | 40일 | 12% |
| | 에버리소스우 | 2,960원 (2000.3.2) | 13만 4,000원 (2000.4.21) | 4,427.0% | 35일 | 12% |
| 코스피 | 갑을 | 895원 (2002.3.28) | 9,460원 (2002.4.23) | 956.9% | 18일 | 15% |
| | 대우중공업 | 15원 (2001.2.2) | 145원 (2001.2.27) | 866.6% | 18일 | 15% |
| | LS네트웍스우 | 7,760원 (2007.9.3) | 7만 1,600원 (2007.9.28) | 822.6% | 17일 | 15% |
| | 삼성중공업우 | 5만 4,500원 (2020.6.1) | 74만 4,000원 (2020.6.17) | 1,265.1% | 10일 | 30% |
| | 코리아O2호 | 1,045원 (2017.3.2) | 8,460원 (2017.3.16) | 709.5% | 9일 | 30% |

출처: 한국거래소

귀가 솔깃해진다. 당장 은행으로 달려가 있는 돈, 없는 돈 다 당겨서 인생 역전을 노린다. 그런데 시장이 이걸 가만둘까? 이 바닥은 날고 기는 고수들도 한 방에 날아가는 판이다. 나랑 같이 축구하는 친한 동생 한 명은 2020년 급등하던 바이오 기업에 10억 원이라는 거금을 투자했다. 그러나 그 기업은 2023년에 감사 의견 거절로 거래 정지되었고, 2025년에 상장폐지되었다. 이렇게 한 방을 노린 투자 결과는 처참하다. 주식 시장은 절대 호락호락하지 않다.

의리의 아이콘으로 통하는 배우 김보성도 유튜브 채널 '근황

올림픽'에 나와서 "요즘 생활비에 쫓기고 있다"라고 토로했다. 잘 나갔던 그가 왜? 이유를 듣는 순간 바로 납득했다. "주식에서 박살이 났다. 수십억 원을 날렸다. 전 재산이 사라졌다고 생각하면 된다. 상장폐지도 다섯 번 당했다"고 털어놨다. 같이 축구하는 동생도, 배우 김보성 씨도, 이런 말 하기는 미안하지만 솔직히 그 많은 주식 중에 상장폐지될 주식을 찍는 것도 신기하다. 왜냐하면 최근 6년을 보면 상장폐지될 주식을 고를 확률은 2.5%밖에 안 되기 때문이다.

| 기간 | 연평균 상장폐지<br>종목 수 | 전체 상장사(평균) | 평균 상장폐지 비율 |
|---|---|---|---|
| 2012~2018년 | 21개 | 1,151개 | 1.82% |
| 2019~2025년 | 40개 | 1,588개 | 2.51% |

* 상장폐지 비율은 전체 상장사 대비 연간 상장폐지 종목 수의 비율로 산출
* 2012~2018년: 한국기업지배구조원+자본시장연구원
* 2019~2025년: 한국거래소 KINO 공식 집계

## 확률에 베팅하라

항상 강조하지만 내가 숏short(공매도)에 베팅하지 않는 이유는 성공 확률이 낮아서다. 이보다 명확한 이유가 또 있을까? 지난 95년 동안 미국 주식 시장의 역사에서 하락장은 고작 12년 1개월, 전체

의 12.7%에 불과하다. 즉, 시장은 87%의 시간 동안 상승했다. 시장은 장기적으로 오른다. 정책, 금리, 인플레이션, 팬데믹19 같은 변수가 시장을 뒤흔들어도 주가는 결국 성장이라는 본질을 따라 움직인다. 이것이 주식 시장이 수많은 위기 속에서도 우상향해온

**미국 증시 주요 하락장**

| 번호 | 기간<br>(년/월) | 하락률<br>(S&P 500) | 주요 원인 및 특징 |
|---|---|---|---|
| 1 | 1929/09~1932/06 | -86.2% | 대공황 시작, 주식 시장 붕괴,<br>은행 파산 및 실업률 급증,<br>회복까지 25년 이상 소요 |
| 2 | 1937/03~1938/03 | -54.5% | 뉴딜 정책 후 경기 과열 조정,<br>재정 긴축과 금리 인상으로 경제 침체 심화 |
| 3 | 1968/11~1970/05 | -36.1% | 베트남전쟁, 인플레이션 상승,<br>정치적 불안정 |
| 4 | 1973/01~1974/10 | -48.2% | 브레튼우즈 체제 붕괴,<br>오일 쇼크, 스태그플레이션 |
| 5 | 1987/08~1987/12 | -33.5% | '블랙 먼데이' 급락, 프로그램 매매와<br>과도한 밸류에이션 우려 |
| 6 | 2000/03~2022/10 | -49.1% | 닷컴 버블 붕괴, 기술주 중심의 급락,<br>9.11테러로 인한 주가 충격 |
| 7 | 2007/10~2009/03 | -56.8% | 서브프라임 모기지 사태,<br>리먼브라더스 파산, 글로벌 금융위기 |
| 8 | 2020/02~2020/03 | -33.9% | 코로나19 팬데믹, 글로벌 경제 붕괴,<br>역사상 가장 빠른 약세장(33일) |
| 9 | 2022/01~2022/10 | -25.4% | 인플레이션 급등, 연준의 금리 인상,<br>러시아-우크라이나 전쟁으로 인한 불확실성 |
| 10 | 2025/02~2025/05 | -23.0% | 트럼프 대통령의 대규모 관세 부과,<br>글로벌 무역 긴장 고조, 단기 급락 후 회복 |


주식으로 부자됩시다

근본적인 이유다. 그렇다면 어디에 베팅해야 할까? 13% 확률밖에 안 되는 숏에 베팅? 이건 카지노 룰렛roulette 게임에서 숫자를 맞추는 것과 다를 바 없다.

공매도의 함정을 좀 더 자세하게 알아보자.

## 무한 손실

공매도는 잘못하면 무한 손실이다. 예를 들어 100만 원짜리 주식을 공매도했다고 하자. 주가가 0원이 되면 100만 원 수익. 그것이 최대다. 하지만 주가가 200만 원이 되면 100만 원 손실, 1,000만 원이 되면 900만 원 손실이다. 주가는 이론적으로 무한히 오를 수 있다. 그래서 공매도는 무한 손실의 늪이다. 우리가 신내림을 받아 기가 막히게 주가 하락을 예측했대도 수익은 제한적인 반면에 리스크는 끝이 없다.

"그래도 타이밍 봐서 짧게 먹고 나오면 되잖아." 이렇게 말하는 투자자들에게 나는 조언한다. "단타도 장기 추세랑 같은 방향으로 투자해야 한다. 그래야 내 판단이 틀려도 기다리면 본전을 회복하고 나올 수 있으니까." 이 시대 최고의 투자자 워런 버핏도 경고했다. "나는 지난 50년 동안 항상 사람들에게 공매도하지 말라고 조언했다. 저평가된 주식을 찾아내는 것보다 과대평가된 주식이 훨씬 눈에 잘 들어오는 것은 사실이다. 그래서 공매도를 통해 수익을 창출하는 게 더 쉽다고 생각할 수 있다. 하지만 공매도는 수익의 한계가 제한적이나 손실은 이론상 무한대가 될 수 있다. 공매도는 파산을 가져올 수 있는 일이다."

## 멘탈 붕괴

공매도는 우리의 정신 건강을 송두리째 갉아먹는다. 가령 주변 친구들의 계좌는 온통 빨간불이라면? "야호!" 소리치며 축제가 벌어진다. 누군 외제 차를 뽑았고, 누군 집을 샀다는 자랑이 끊이지 않는다. 그런데 나 혼자 청개구리처럼 공매도 포지션에 베팅해 내 계좌만 시퍼렇게 멍들어 있다면 이것만큼 속이 터지는 일도 없다. 코스피 6,000 시대가 열리면서 이 고통은 절정에 달했다. 지수가 3,000일 때 고점이라 확신하며 하락(숏)에 베팅했던 이들은 지금 '멘탈 붕괴' 상태다. 시장이 너무 올랐다며 하락을 기다리는 동안 지수는 멈추지 않고 치솟았다. 가진 것을 다 잃었다는 비명이 여기저기서 들려온다. 모두가 주인공인 파티에서 혼자 파산을 지켜봐야 하는 것, 이것이 원칙 없는 공매도가 치러야 할 비정한 대가다.

단지 손해를 봐서가 아니다. 인간의 뇌는 '내가 얼마나 벌었냐'

보다 '남보다 더 벌었냐'를 훨씬 중요하게 여긴다. 원시시대부터 인간은 무리 지어 살았다. 집단 안에서의 지위가 높을수록 더 좋은 음식, 더 안전한 환경, 더 많은 짝짓기 기회를 가질 수 있었다. 그래서 뇌는 본능적으로 비교하고, 위로 올라가려는 성향을 갖게 되었다. 그것이 생존에 유리했기 때문이다.

또한 뇌는 우리가 어떤 성취를 이루었을 때 도파민이라는 보상 물질을 분비함으로써 기분을 좋게 만든다. 그런데 도파민은 단순히 내가 무언가를 얻었을 때만 나오는 것이 아니라 남들과 나를 비교할 때도 즉각 반응한다. 내가 남들보다 덜 가졌다고 느끼는 순간 도파민 분비가 줄고 만족감이 순식간에 떨어진다. 이 때문에 주식 투자에서 남보다 못 벌거나 혹은 남들 다 오를 때 나혼자 손실을 보면 단순한 손익 구간을 넘어 상대적 박탈감에 시달린다.

내가 주식으로 한 달 만에 1,000만 원을 벌었다고 하자. 분명 좋은 성과다. 하지만 주식 실력도 별로 없어 보이던 직장 동료가 2,000만 원을 벌었다는 얘기를 들으면 내 1,000만 원이 갑자기 시시해 보인다. 행복은 절대치가 아니라 비교 속에서 느끼는 상대적인 감정이다.

# 호구와 고수의 차이

그동안 뻥카로 돈을 잃었다면 이제부터는 고수처럼 행동하자. 고수는 뻥카를 안 친다. 좋은 패에만 들어간다. 포커 세계를 다룬 영화 《라운더스》에서 마이크(맷 데이먼 분)는 이렇게 말한다. "이 판에서 30분 안에 호구를 찾지 못한다면 네가 바로 호구야."

호구는 확률 낮은 한 방을 오매불망 쫓는다. 고수는 큰 판을 보고, 흐름을 읽고, 통계를 믿는다. 뻥카는 한두 번 먹힐 수 있지만 장기적으로는 필패다. 아이큐 2만인 시장이 그걸 모를 리가! 주식으로 성공하고 싶은가? 그럼 확률 높은 판에, 반복적으로, 냉정하게 베팅하라.



주식으로 부자됩시다

# 3

## 액션 1:
## 아직도 안 하셨나요



가장 큰 위험은 아무런 위험도 감수하지 않는 것이다.

\- 마크 저커버그

# 악마의 기계 등장

세계 최초의 상업용 공공 철도인 증기기관차가 여객과 화물을 운송하는 모습.

1825년, 영국 스톡턴-달링턴 철도가 개통하자 세상은 충격에 휩싸였다. 검고 커다란 철 덩어리 하나가 굉음을 내며 선로 위를 내달렸다. 이름은 '로코모션 1호'. 시속 24km. 이전까지 가장 빠른 운송수단이 시속 6~8km로 달리던 마차였음을 고려하면 정말이지 말도 안 되는 속도였다.

사람들이 충격받은 건 단순히 철 덩어리가 빨라서만은 아니었다. 철도 발명은 그동안의 세계를 뒤흔든 일대 사건이었다. 당시 사람들은 마차와 말, 두 다리에 의존해 살아갔다. 인간이 이동할 수 있는 최대 거리는 하루에 30km 정도였다. 마차마저도 요란하고 불편했다. 하루하루의 움직임은 거리가 아니라 날짜 단위로 계산되었다.

"런던에서 리즈Leeds까지 314km를 가려면 며칠이 걸릴까? 이번 달 안에 도착할 수 있을까?" 그런 걸 고민하던 시대였다. 그런데 눈앞에 갑자기 등장한 거대한 철 기계가 연기를 뿜으며 사람을 태운 채 24km로 달린다? 세상의 질서를 파괴하는 괴물처럼 보이는 것이 당연했다. 지금으로 치면 인공지능 로봇이 스스로 사고하고 움직인다는 뉴스를 본 것과 비슷한 충격이었다.

## 의학계의 불신

이 소식을 들은 의학계에서는 난리가 났다. 의사들은 근심 가득한 얼굴로 런던의 의학 저널《더 란셋The Lancet》편집회의실에 모였다. 40대 중반의 의사가 벌떡 일어나 외쳤다. "여러분, 이 기차라는 것이 얼마나 위험한지 모르십니까? 인간의 뇌는 그런 속도를 감당할 수 없습니다!" 그 말에 옆에 있던 다른 의사가 맞장구를 쳤다. "그 속도의 진동은 두개골 내 뇌 조직을 흔들어 뇌졸중을 유발할 수 있어요." 폐 전문의도 고개를 끄덕였다. "의학적으로 볼 때 폐는 시속 15km를 넘는 속도에서는 공기를 정상적으로 흡입할 수 없습니다. 질식사할 가능성이 매우 높아요." 이들의 말에 회의실이 술렁였다.

그때였다. 젊은 의사 하나가 손을 들었다. "저기요…. 그런데 실제로 기차를 탄 사람들을 관찰했을 때 특별한 생리학적 이상은 보이지 않았습니다." 그러자 편집실에 있던 모든 의사가 젊은 의사를 바라봤다. "지금 뭐라고 말했죠? 당신 경험이 얼마나 된다고. 우리는 수백 년간 축적된 의학 지식을 바탕으로 말하고 있는 겁니다." 그 말을 한 나이가 지긋한 의사의 얼굴이 붉어졌다. 젊은 의사는 반론하고 싶은 마음을 억누르고 입을 꾹 다물었다.

회의가 끝난 뒤, 젊은 의사는 조용히 밖으로 나가 철도 관련 주식을 사들였다. 결과는? 1826년, 첫 배당금이 지급되었고 1827년, 주식 수는 675주에서 1,000주로 증가했다. 1830년대 후반, 연간 배당률 15%를 받았는데 당시 평균 배당률인 5~7%의 3배 수준이었다. 1860년, 자본금은 15만 파운드에서 380만 파운드로 25배 이상 증가했다.

## [ 참고 ] 주식 수 증가를 어떻게 봐야 할까?

기업이 발행 주식 수를 늘리는 것은 자본금을 확대하기 위함이다. 회사는 사업 확장, 투자, 부채 상환 등 추가 자금이 필요할 때 주식을 더 발행함으로써 투자자들로부터 자금을 조달한다. 주식 수가 늘어나면 기존 주주들의 지분율은 상대적으로 희석될 수 있다. 하지만 이것을 무조건 좋거나 나쁘다고 단정할 수는 없다.

- **긍정적인 경우**: 회사가 조달된 자금을 바탕으로 사업을 성공적으로 확장하여 더 큰 이익을 창출하고 주주들에게 더 많은 배당을 지급하는 경우다.
- **부정적인 경우**: 회사가 자금을 모았음에도 불구하고 사업 성과가 부진하여 이익이 줄어드는 경우다.

### 스톡턴-달링턴 철도 사례

1827년 스톡턴-달링턴 철도가 675주에서 1,000주로 주식 수를 늘렸다. 회사가 사업 확장과 추가 투자를 위해 자금이 필요했기 때문이다. 결과는 긍정적이었다. 스톡턴-달링턴 철도는 사업이 번 창하여 수익이 증가했다. 투자자들에게도 높은 배당을 지급할 수 있었다.


## 인간의 본능과 주식 시장

본능은 우리를 보호하지만, 시장에서는 이것이 우리의 발목을 잡는다. 인간은 원래 새로운 것을 싫어하도록 진화했다. 게으름이나 고집 때문이 아니다. 살아남고자 하는 본능이다. 수십만 년 전, 인간이 수렵과 채집을 하던 시절, 숲속에서 낯선 열매를 발견하고 무작정 입에 넣는 것은 '죽음'으로 연결될 수 있었다.

들어 본 적 없는 이상한 소리가 난다? 대부분은 맹수의 포효였다. 소리를 듣고 달아났던 이들만 살아남았다. 그리고 '별거 아니겠지' 하며 소리를 무시했던 이들은 맹수의 식사가 되었다. 모르는 것은 곧 죽음이라는 공포는 수없이 많은 실패를 통해 인간의 유전자에 각인됐다. 그래서 새로운 것을 보면 뇌는 자동으로 신호를 보낸다. "가지 마. 위험해. 아직 너무 이르잖아."


주식으로 부자됩시다

이 반응은 수십만 년 동안 인간을 지켜 준, 지극히 정당한 본능이자 생존 전략이었다. 문제는 지금부터다. 현대 사회는 사냥을 하거나 야생 동물을 피해 달아나는 시대가 아니다. 우리는 새로운 기술, 새로운 산업, 새로운 기회가 매일 등장하는 시대에 살고 있다. 그런데도 뇌는 예전 방식 그대로 반응한다. "AI? 너무 복잡해 보여. 나랑은 상관없어." "저 기술은 아직 위험해. 좀 더 지켜보자." "대기업이 나중에 뛰어들면 이런 기업이 살아남겠어?"

주식 시장에서 이와 같은 본능은 부의 기회를 빼앗는 걸림돌로 작용한다. 예전엔 위험에서 살아남기 위해 '움직이지 않는 것'이 정답이었다면, 지금은 돈과 기회를 얻기 위해 '움직이는 것'이 정답이다. 시대는 바뀌었는데, 본능은 아직도 수천 년 전 숲속에 있다. 그래서 정보를 알고 있으면서도 행동은 하지 않는 것이다. 그럼에도 여전히 많은 사람이 돈을 벌 기회를 눈앞에 두고도 계속 기다리는 쪽에 머무른다.


## 주식 시장은 정보가 '희소할 때'가 기회다

주식 시장은 흥미로운 곳이다. 정보가 많을수록 안전해 보이지만, 수익은 점점 줄어든다. 반대로 정보가 부족하고 불확실할수록 위험해 보이지만, 그 안에 큰 기회가 숨어 있다.

2004년, 구글은 전 세계 검색 시장 점유율이 35%에 불과한 벤처기업이었다. 구글은 검색 서비스를 무료로 제공하고 있었지만 "도대체 저 기업이 어떻게 돈을 버는지 모르겠다"는 평가가 지배적이었다. 당시 《월스트리트저널》은 구글을 다음과 같이 평가 절하했다. "광고 의존 기업이 이토록 높은 가치를 인정받는 건 지나치다. 거품이다." 투자자들도 구글의 주식이 고평가되었다면서 외면했다. 상장 첫날, 구글의 주가는 100.01달러로 시작해 100.34달러로 마감했다. 하지만 그로부터 10년 뒤, 구글의 주가는 1,100달러를 돌파했다. 초기 투자자들은 10배가 넘는 수익을 손에 쥐었다.

2012년, 테슬라는 첫 양산 모델인 '모델 S'를 출시했음에도 여전히 연간 적자에 허덕이고 있었다. "전기차는 충전도 불편하고, 배터리 수명도 불확실하고, 가격도 너무 비싸다." "일론 머스크는 과대 망상가일 뿐이다." "테슬라는 결코 GM, 포드, 토요타를 이기지 못할 것이다." 《포브스》, 《CNBC》, 《블룸버그》 등 주요 미디어는 앞다퉈 혹평을 내놨다. 실제로 테슬라의 주가는 한때 30달러(분할 전) 수준까지 떨어졌다. 공매도 세력들은 테슬라를 '망할 기업'이라며 폄하하고 집요하게 공격했다.

이때 다르게 행동한 사람들은 어떻게 되었는가? 2021년, 테



주식으로 부자됩시다

슬라는 1,200달러(분할 전)를 돌파했다. 10년 만에 40배 수익이 났다. 그리고 2025년 6월 기준 350달러(분할 후 가격)로, 177배나 올랐다. 1,000만 원을 투자했다면 17억 7,000만 원이라는 거액이 나온다.

이것이 주식 시장이다. 정보가 적고, 의심이 많을 때 가장 큰 수익을 가져다준다. 희소한 정보, 외면받는 기술, 검증되지 않은 기업 등. 그런 '불확실성의 안쪽'에 수익의 본질이 있다.

## 수익은 정보가 아니라 '액션'에서 나온다

나는 항상 말한다. "투자의 본질은 대중이 인지하지 못한 기업 가치의 확장성에 과감히 베팅하는 것이다." 결론적으로 남들보다 먼저, 그리고 남들이 아직 두려워하는 타이밍에 움직여야 한다. 예전에 아는 동생 하나가 나에게 전화했다. "형님, 지난번에 추천해주신 종목으로 한 달 만에 30% 먹었어요. 사실 좀 불안했는데… 진짜 감사합니다." 나는 웃으며 말했다. "그건 나한테 고마워할 일이 아니다. 네가 '행동'을 했기 때문에 얻은 수익이다. 네가 잘한 거다."

요즘도 마찬가지다. "형님, 어떤 종목이 좋아요?" "요즘은 어디에 투자하면 좋을까요?" 수십 명이 묻는다. 그중 실제로 액션을 취하는 사람은 한두 명이다. 대부분은 묻고 고개를 끄덕이지만 행동은 하지 않는다.

기억하자. 수익은 '정보'가 아니라 '액션'에서 나온다. 이제 정보는 누구나 가질 수 있다. 그러나 결단과 실행은 여전히 소수의 영역이다.

# 4

# 액션 2:
# 평범한 투자자를 고수로 만드는 3파 매수법

JOURNEY TO WEALTH

행운은 대담한 자를 돕는다.

- 베르길리우스

# 엘리엇 파동 이론의 탄생

"주가는 분명 어떤 법칙에 의해 움직이는 거야." 깊은 밤, 작은 탁상 전등 아래서 수천 장의 주식 차트를 들여다보던 한 남자가 무릎을 치며 외쳤다. 그는 한때 중남미를 넘나들며 성공 가도를 달리던 엘리트 회계사였다. 하지만 1929년, 대공황이 닥쳤다. 경제는 무너졌고 월스트리트는 아수라장이 되었다. 파산과 실업으로 세상은 혼돈 그 자체였다.

그해, 그는 심각한 병으로 몸져눕게 되었다. 회계사로서의 커리어는 사실상 끝났다. 병상에서의 시간은 한없이 길고 공허했다. 하지만 그는 이 시간을 낭비하지 않았다. 몸은 비록 병상에 있었지만 새로운 세계를 보기 시작했다. 처음에는 심심풀이로, 이후에는 집착처럼 매달려 주식 차트와 사랑에 빠졌다. 매일 신문에서 주식 관련 기사를 찾아 스크랩하고, 손으로 데이터를 정리하며 밤을 지새웠다. 그렇게 75년간의 주식 시장을 연간, 월간, 주간, 일간, 심지어 30분 단위 차트까지 치밀하게 분석했다.

그러던 어느 날, 그는 차트에서 단순한 숫자 이상의 패턴을 발견하고 깜짝 놀라 소리쳤다. "아… 주가가 무작위로 움직이는 게 아니라, 인간의 감정이 반복적으로 만드는 흐름에 따라 움직이는구나." 그는 이 흐름을 '충격파Impulse Wave'와 '조정파Corrective Wave'로 구분해 정리했다. 상승 추세에는 5개의 파동이, 하락 추세에는 3개의 파동이 반복되는 구조였다. 그리고 자신의 이름인 '랄프 넬슨 엘리엇'을 따서 '엘리엇 파동 이론Elliott Wave Theory'이라고 불리는 혁명적 모델을 만들었다.


## 엘리엇 파동 이론

### 인간 심리가 만든 파동

엘리엇 파동 이론의 핵심은 단순하다. 시장은 사람이 움직인다. 사람은 감정의 지배를 받는 존재다. 감정은 반복된다. 그리고 그 패턴은 주가에 고스란히 남는다.

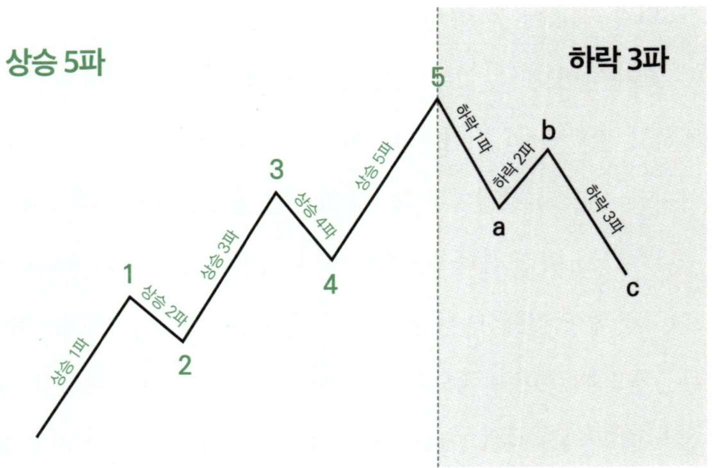


## 상승 5파의 감정 흐름

- **기대:** 와… 이거 뭔가 될 것 같은데.

- **불안/의심:** 너무 빨리 오른 것 같은데.

- **열광/확신:** 이건 진짜야! 놓치면 안 돼.

- **피로/혼란:** 지금 팔아야 하나? 더 가나?

- **탐욕/환희:** 이건 무조건 간다! 안 사면 바보다.

## 하락 3파의 감정 흐름

- **불안/차익 실현:** 일단 이익 챙기자.

- **가짜 희망:** 다시 올라간다! 아직 기회는 있어.

- **공포/절망:** 이제 끝났다. 왜 안 팔았을까?

시장은 이런 흐름이 끊임없이 반복된다. 상승과 하락이라는 단어 뒤에는, 늘 사람이 있다. 그래서 파동을 읽는다는 건 인간 심리를 읽는 것이다.

## 타이밍 읽는 기술: 언제 들어가야 할까?

주식 투자에서 가장 어려운 질문 중 하나는 언제 주식을 사느냐다. 신기술, 신산업, 새로운 기업들이 등장할 때마다 많은 사람이 고민한다. "지금 들어가도 될까?" "이미 많이 올랐는데?" "실적이 안 나왔는데 사는 건 너무 위험한 거 아닐까?"

좋은 기업을 고르는 것도 중요하지만, 언제 들어가느냐가 수익의 크기를 결정한다. 아무리 좋은 종목도 비싸게 사면 고점에 물린다. 반대로 남들이 두려워할 때 들어가면 아무리 평범한 기업도 큰 수익을 줄 수 있다. 엘리엇 파동 이론은 이 진입 타이밍을 가늠하는 데 강력한 도구가 된다. 특히 3파를 공략하는 방법은 투자금을 가장 효율적으로 사용할 수 있을 뿐만이 아니라 수익을 내고 나올 확률도 아주 높다.

# 상승 5파와 하락 3파의 구조와 특징

## 상승 5파의 구조

### ① 1파: 소수의 모험가만 움직임

새로운 기술 또는 신사업이 등장하며 주가가 반응하기 시작한다. 이때는 실적이 없다. 대부분 적자다. 하지만 시장은 스토리를 만든다. "이 기술이 미래다." "10년 뒤에 대박이 날 거다." 이처럼 '꿈'에 베팅하며 주가를 밀어 올린다. 실패 확률은 높지만 성공하면 10배, 100배의 수익이 가능하다. 그래서 이 구간은 전설이 탄생하는 자리다.

### ② 2파: 회의와 실망의 그림자

1파가 끝나고 주가가 조정받기 시작한다. 차익 실현 매물이 나오고, 늦게 주식을 산 사람들은 물린다. 뉴스는 부정적이고, 시장은 조용해진다. 이른바 냉소가 지배하는 시기다. 특히 이 구간에서는 실적이 나지 않기 때문에 1파 상승분을 다 토하기도 한다. 신기술에 대한 환상으로 투자한 사람들에게는 혹독한 겨울이 된다.

### ③ 3파: 찐실적+찐자금=찐상승

3파는 실적이 확인되기 시작하면서 시장의 관심이 본격화되는 시기다. 기업이 실제로 돈을 벌고, 펀더멘털이 계산되기 시작한다. 기관과 외국인 자금이 본격적으로 들어오고, 뉴스도 긍정적으로 바뀐다. 애널리스트들도 목표 주가를 높여 나간다. 이때 들어오면 늦지도 않고 위험도 줄어든다. 실적이 만든 상승이기에 탄탄하고 지속력이 길다. 3파는 상승장 중에서 가장 큰 수익이 만들어지는 구간이다.

### ④ 4파: 숨 고르기

3파에서 급등한 주가는 잠시 쉬어 간다. 기술 조정, 차익 실현 매물, 단기 실망이 나올 수 있다. 하지만 이 구간은 매도 타이밍이 아니라 3파에 탑승하지 못한 사람들의 마지막 기회다. 기초 체력이 강한 기업은 이 구간에서 다시 한번 반등을 준비한다.

### ⑤ 5파: 대중이 열광하는 마지막 불꽃

제일 위험한 구간이다. 언론이 띄우고, 유튜브에서도 자주 보인다. 지하철, 택시, 식당에서도 다들 한마디씩 한다. "그거 샀어?"

"누구는 그걸로 벌써 2배 먹었대." "야…, 그거 10배짜리라고 하더라." 대중이 뒤늦게 몰려들며 마지막 불꽃을 피운다.

## 하락 3파의 구조

### ① A파: 첫 번째 하락

차익 실현 매물로 주가가 하락하기 시작한다.

### ② B파: 반등

"아직 끝나지 않았다"며 한 번 더 오르는 척하지만 고점을 넘지 못한다.

### ③ C파: 본격 하락

실적 둔화, 금리 인상, 경쟁 심화 등 근거 있는 하락이 시작된다. 이때 들어간 사람은 단기간에 큰 손실을 보게 된다.

### [예시 1] 1파 상승 2파 사망

1파 상승과 2파 조정에서 끝난 사례를 보자. 2017년, 비트코인이 2,000만 원을 돌파하며 전 세계를 흔들었다. 한국 주식 시장에서도 "우리도 블록체인을 한다"는 기업들이 우후죽순 등장했다. 제지 회사가 갑자기 블록체인 기반 문서 보안 사업을 한다고 선언하고, 화장품 기업이 화장품 유통 이력 추적에 블록체인을 도입하겠다고 나섰다. 전혀 연관성이 없는 IT 서비스 기업, 게임사, 여행사들까지 블록체인을 외치자 시장은 열광했다. 2017년 말에서 2018년 초까지, 어떻게든 블록체인과 엮이기만 하면 주가가 100%, 200%씩 치솟는 종목이 속출했다.

그 결과는? 블록체인 테마주들의 실적은 하나도 없었다. 몇 개월 후 주가는 대부분 반 토막을 넘어 3분의 1토막이 나며 폭락했다. 그때 꿈틀댔던 블록체인 테마주들 가운데 지금까지 살아남은 기업은 거의 없다. 대부분은 실체 없는 '스토리'에 불과했음이 드러났다. 블록체인 테마주는 1파의 기대감만 있었고, 실적으로 증명되는 3파의 확산으로 이어지지 못했다. 성장의 실체가 없으니 주가는 3파로 벋어 나가지 못한 채, 2파의 조정 국면에서 그대로 무너져 내렸다. 이처럼 3파가 나오지 않는 산업과 기업은 언제나 존재한다. 우리가 투자의 매 순간 신중해야만 하는 이유다.

## [ 예시 2 ] 3파 찐상승

모든 테마가 5파까지 가는 건 아니다. 블록체인 테마주처럼 1파에서 꿈만 키우다 2파에서 죽어 버리는 사례도 많다. 하지만 세상엔 꿈을 현실로 바꾼 기업도 있다. 그들은 시장이 무시했던 1파에서 출발했고, 실적을 내기 시작하며 3파를 열었다. 그리고 끝내 시장을 지배하는 5파로 진입했다.

최근 몇 년간 가장 뜨거운 기업인 엔비디아를 살펴보자.

**엔비디아 5파 상승 차트**

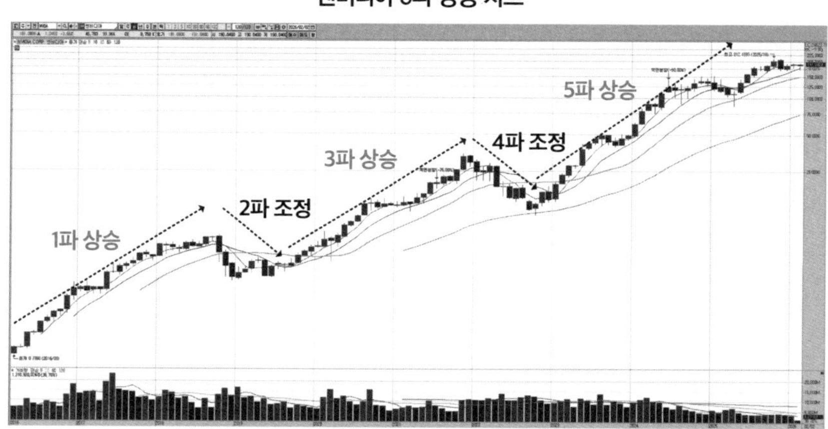


### ① 1파(2016~2018년)

GPU는 원래 게임용 그래픽 카드였다. 그런데 어느 날, AI 연구자들이 GPU를 쓰기 시작했다. 이유는 단순했다. 병렬 연산에 GPU가 적합했기 때문이다. 이때 엔비디아는 기업 방향을 이렇게 선언했다. "이제 우리는 게임 회사를 넘어서, AI 컴퓨팅 플랫폼 기업이다.” 시장 반응은 미지근했다. “그래픽 카드나 만들던 회사가 무슨 AI야….” 그런데 주가는 무려 10배가 올랐다. 이 시기는 실적보다는 비전과 포지셔닝, 그리고 'GPU=AI 연산 인프라'라는 내러티브가 가격에 먼저 반영된 구간이었다.

### ② 2파(2019년): 시장의 의심, 주가 조정

1파에서 쌓인 기대감은 2018~2019년에 거센 역풍을 만났다. 미-중 무역전쟁, 암호화폐 채굴 붐 붕괴, GPU 재고 부담이 동시에 터지며 실적과 전망이 흔들렸다. 엔비디아 주가는 직전 고점 대비 반토막이 났다. 시장에서는 “엔비디아는 게임 회사일 뿐, AI 비즈니스는 아직 멀었다”라고 평가했다. 이 구간은 가능성만으로는 버티기 힘든 진통의 시기였다. 비전에는 동의하지만, 실적과 밸류에이션 사이의 괴리가 커지면서 상당수 투자자가 이탈했다. 이때 포기한 사람들은 이후 다가올 3파의 진짜 폭발을 보지 못했다.

### ③ 3파(2019~2021년): 팬데믹 모멘텀

2파의 골짜기를 지난 주가는 2019년부터 다시 고개를 들었다. 때마침 터진 코로나19 팬데믹은 오히려 엔비디아에게 거대한 기회가 되었다. 비대면 시대가 열리며 클라우드 데이터센터의 수요가 폭증했고, 암호화폐 붐까지 겹치며 GPU는 없어서 못 파는 귀하

신 몸이 되었다. 주가는 저점 대비 무려 8배가 상승하며 실적의 확인 단계를 거쳤다.

### ④ 4파(2021년 12월~2022년 10월): 금리의 역습과 처절한 응징

영원할 것 같던 파티는 급격한 금리 인상과 함께 멈춰 섰다. PC 수요 둔화와 재고 부담이 겹치며 엔비디아 주가는 처참하게 무너졌다. 고점 대비 66~70%나 떨어진 대폭락. "엔비디아의 시대는 끝났다"는 비관론이 지배적이었다. 그러나 엘리엇 파동의 관점에서 4파는 가장 고통스럽지만, 마지막 불꽃인 5파를 준비하는 '에너지 응축'의 시간이기도 하다. 이 시기에 끝까지 살아남아 엔비디아라는 기업의 본질을 믿었던 투자자들은 곧 인류 역사에 남을 전설적인 상승장을 목격한다.

### ⑤ 5파(2022년 10월~현재): ChatGPT와 AI 실적이 증명한 '신세계'

2022년 말에 등장한 ChatGPT는 엔비디아 5파의 거대한 신호탄이었다. 빅테크 기업들이 AI 주도권을 잡고자 엔비디아의 H100 가속기를 확보하려 백지수표를 들고 줄을 섰다. 엔비디아의 실적은 당연히 기하급수적으로 폭발했다. 정점은 2023년 2분기(회계연도 2024년 2Q) 실적 발표였다. 당시 엔비디아의 분기 순이익은 전년 동기 대비 무려 8.4배(843%) 급증하며 시장의 상식


주식으로 부자됩시다

을 파괴했다. 실체가 증명되자 주가는 브레이크 없는 폭주를 시작했다. 2022년 10월 기록했던 저점(108달러) 대비, 2025년 7월 시가총액 4조 달러를 돌파할 당시 엔비디아의 주가는 약 12배가 넘는 경이로운 상승률을 기록했다. 5파의 정점에서 우리가 기억해야 할 것은 하나다. 진정한 주도주는 단순히 꿈으로 오르는 것이 아니라, 누구도 흉내 낼 수 없는 압도적인 숫자의 실체로 가치를 증명한다는 사실이다.

## 거짓 3파와 진짜 3파는 어떻게 구분할까?

엘리엇 파동 이론은 시장을 보는 강력한 도구다. 그런데 해석의 영역에서 실수가 생긴다. 지금이 3파라고 생각했는데 나중에 보면 2파의 반등이었던 경우가 허다하다. 그래서 이게 진짜 3파인지 아니면 거짓 3파인지를 구분하기 위해서는 확실한 기준이 필요하다.

### 진짜 3파의 조건

#### ① 실적 확인

스토리가 아니라 숫자가 필요하다. 3파가 진짜인지 확인하려면 반드시 실적 데이터를 봐야 한다. 매출, 영업이익, 순이익이 분기 기준으로 뚜렷하게 개선되고 있는지, 단기 이슈가 아닌 지속적 개선인지가 핵심이다. 특히 이전 분기 대비 증가율이 가속화된다면 시장은 이를 강하게 반영한다. 실적 없이 오르는 주가는 언젠가 꺼질 허상에 지나지 않는다.

### ② 기관과 외국인의 매집

수급은 거짓말하지 않는다. 기관과 외국인의 지속적이고 장기적인 매집이 있는지를 봐야 한다. 특히 이들이 저가에서부터 꾸준히 비중을 늘리고 있다면, 그들이 '실체'를 확인했을 가능성이 높다. 큰손은 내부 미팅, 리스크 분석, 밸류에이션 검토를 거친 후에 움직인다.

### ③ 산업 트렌드의 본격화

한 기업만 잘났다고 오르는 게 아니라, 관련 산업 전체가 동반 상승하고 있는지를 살펴봐야 한다. 산업 전체가 움직인다면 단순한 테마가 아니라 거대한 트렌드의 시작이다. 정책 변화, 글로벌 시장 수요, 기술 전환, 정부 예산, 규제 완화 같은 구조적 전환이 함께 일어나야 한다.

### ④ 심리

진짜 3파는 아직 대중의 과열 심리가 오기 전이다. 기사는 슬슬 호재를 다루고 리포트도 긍정적이지만, 각종 미디어에선 아직 그 종목이 중심은 아니다. 사람들이 "좋은 것 같긴 한데, 좀 무섭기도 하다"라고 말하는, 확신과 의심이 공존하는 시점이다.

### ⑤ 기술적 분석

차트상으로도 분명한 신호가 나타난다. 오랫동안 일정한 박스권에서 움직이던 주가가 그 상단을 뚫고 올라간다. 이때 강한 거래량이 실린다면 더 신뢰할 수 있다. 많은 거래량은 펀더멘털 변화를 확신한 큰손이 수많은 투자자의 매도 물량을 잡아먹으면서 매수하고 있음을 보여 준다. 즉, 시장의 판도가 바뀌고 있다는 뜻이다.


## 3파를 노리자

주식 시장은 영원히 지속되는 심리 게임이다. 늘 '기대→확신→탐욕→실망→공포'라는 익숙한 사이클을 돌며 우리를 유혹한다. 이 격랑 속에서 언제 진입하고 언제 빠져나와야 할지 아는 것이 투자의 핵심이다. 1파는 불확실성의 영역이다. 잘 들어가면 전설이 된다. 하지만 죽음의 계곡인 2파가 기다리니 자금 배분을 적절히 해야 한다. 5파는 화려하지만 위험하다. 대중의 탐욕이 최고조에 달한 시점이다. 이미 가격에 많은 것이 반영되어 있다. 또한 묻지마 투자자가 되어 감정에 휩쓸리기 쉽고, 기대할 수 있는 수익보다는 감당해야 할 리스크가 훨씬 더 커진다. 여기서 물리면 빠른 손절매가 필요한데, 프로가 아니면 사실 빠져나오기가 쉽지 않다.

가장 이상적인 진입 시점은 3파다. 3파는 시장의 꿈이 현실로 바뀌는 순간이다. 1파의 기대가 2파의 조정을 거치며 단단한 기반을 다졌다. 그리고 실질적인 숫자로 확인되기 시작한다. 시장은 상승 추세로 접어들었고, 아직 대중의 열광과 비이성적인 탐욕은 찾아오지 않았다. 가장 이성적이면서도 강력한 상승의 초입이다. 3파는 늦지도 빠르지도 않은, 딱 진입하기 좋은 순간이다. 주식 시장에서 오래 살아남고 싶고 확률 높은 구간에서 베팅하고 싶다면 3파를 노려야 한다.


주식으로 부자됩시다

**5**

# 시장가로 대박 난 에어비앤비

JOURNEY TO WEALTH

투자에서 가장 중요한 것은 머리가 아니라 배짱이다.

- 피터 린치

가장 효과적인 방법은 그냥 하는 것이다.

- 아멜리아 에어하트

# 기회는 행동하는 사람의 몫

빠르기는 바람과 같고, 침략하는 것은 불길과 같고,

움직임은 벼락과 같아야 한다.

-『손자병법』「군쟁」 중에서

2007년 가을, 샌프란시스코. 디자이너 브라이언 체스키<sub>Brian Chesky</sub>와 조 게비아<sub>Joe Gebbia</sub>는 한계에 직면했다. 당장 렌트비 1,150달러를 내야 하는데, 그들의 통장엔 고작 40달러가 전부였다. 이대로라면 다음 달에 길바닥에 나앉는 건 시간문제였다. 말없이 시계를 바라보다 조가 먼저 입을 열었다. "이제 우리 어떡하냐?" 그 말에 브라이언이 한숨을 쉬며 창밖을 바라봤다. "모르겠다. 뭐, 어떻게든 되겠지." 그러고는 잠시 멈추고 장난처럼 한마디를 툭 던졌다. "샌프란시스코에서 곧 국제 디자인 컨퍼런스가 열리잖아? 호텔이 다 만실이라던데…. 우리, 거실에 에어매트리스 깔고 손님을 받으면 어때?"

그러자 조가 피식 웃으며 핀잔을 주었다.

"네가 드디어 미쳤구나. 누가 모르는 사람 집에서 자겠어? 너 같으면 잘 것 같아?"

"나? 나는 잘 곳이 없으면 잘 것 같은데…."

"그래?"

"잘 곳이 없으니까. 밖에서 자는 것보다는 낫잖아. 안 그래?"

"생각해 보니 그렇네. 진짜 가능할지도 모르겠는데? 일단 해 볼까? 이왕 하는 김에 아침밥도 주자고."

"좋아. 이거 그림 나오는데."

그날 밤, 두 사람은 80달러짜리 에어매트리스 3개를 샀다. 밤새 뚝딱 웹사이트를 만들었고, 이름은 'Air Bed & Breakfast'라고 지었다. 다음 날 아침, 사이트에 방 정보를 올렸다. 그리고 믿기 힘든 일이 벌어졌다. 그날 오후, 세 명이 예약을 한 것이다. 하루 만에 벌어들인 돈은 240달러. "이게 된다고?"

이것이 에어비앤비Airbnb의 시작이다. 그날, 두 사람이 가진 건 완벽한 사업 계획서도, 거대한 자본도 아니었다. 장난스러운 아이디어를 즉시 행동에 옮긴 것뿐이었다. 운이 좋았다고 생각할 수도 있다. 정말 그럴까? 이 운조차 행동했기에 가능했다. 그들이 "사이트 디자인이 조잡하니 다듬고…, 가격 정책은 좀 더 연구하고…, 로고는 전문가한테 맡기고…" 같은 식으로 완벽을 기했다면 에어비앤비는 세상에 존재하지 않았을 것이다.


## 완벽한 타이밍의 결과

여러 초보 투자자가 완벽한 타이밍을 찾으려고 한다. "조금만 더 싸지면 사야지." "이번 주 실적 발표 보고 결정해야지." 그렇게 해서 몇 번이나 완벽한 타이밍을 찾을 수 있을까? 시장은 절대 기다려 주지 않는다. 분석을 마치고 100% 확신이 드는 순간, 주가는 이미 하늘 위에 있는 경우가 허다하다.

"아, 내가 저 주식 오를 것 같다고 생각했는데." 이렇게 후회해 봤자 아무 소용없다. 속만 쓰리다. 그래서 일단 괜찮은 주식이라는 생각이 들면 소액이라도 사고 봐야 한다. 중요한 것은 완벽함이 아니라 적절한 확신 수준에서의 행동이다. 소액이라도 일단 포지션을 잡아야 실제 경기의 선수가 된다. 선수가 되면 뉴스를 보는 눈, 차트를 분석하는 시선, 해당 종목에 대한 관심도가 완전히 달라진다. 무의식적으로 해당 기업의 정보를 더 찾아보게 되고, 시장의 흐름에 더욱 민감하게 반응하게 된다. 내 돈을 태웠기 때문이다.

하지만 아무리 많은 자료를 읽고 수많은 차트를 들여다봐도, 실제로 내 돈이 들어가지 않으면 시장의 변화를 체감하지 못한다. 처음부터 큰 금액을 투자할 필요는 없다. 소액으로 시장에 발을 담그는 것이 핵심이다. 그렇게 해야 심리적 부담을 낮출 수 있다. 그리고 분석 결과가 긍정적이라면 비중을 늘리면 되고, 판단이 틀렸다면 손실이 적을 때 빠르게 정리하면 그만이다.

## 콜린 파월의 40~70 공식

"정보의 범위가 40~70% 사이에 들어가면 직감적으로 추진하라. 맞을 기회가 40% 미만일 정도로 정보가 적으면 행동하지 마라. 하지만 100% 확실한 정보를 갖게 될 때까지 기다릴 수만은 없다. 그때는 이미 너무 늦기 때문이다." 조지 W. 부시 대통령 행정부에서 국무장관으로 재임했던 콜린 파월Colin Powell의 말이다. 파월은 미국 합동참모의장으로 재임하며 1990년 이라크의 쿠웨이트 침공에 대응했다. 그리고 '사막의 폭풍 작전'을 지휘해 속전속결로 신속하게 전쟁을 종결했다. 그는 군사적 의사결정에서 완벽한 정보는 존재하지 않는다는 사실을 누구보다 잘 알고 있었다. 그래서 '40~70 공식'을 제시했다.

투자도 마찬가지다. 확률적으로 승산이 있다고 판단되면 완벽하지 않아도 행동을 먼저 해야 한다. 시장에서 너무 많은 확신을 기다리다 보면 기회는 이미 사라지고 남는 건 후회뿐이다.

## 초보들이 하는 가장 흔한 실수

초보들이 저지르는 가장 흔한 실수는 조금이라도 싸게 사려고 지정가 매수 주문을 거는 것이다. 흔히 말하는 밑에다 깔아 놓고 사는 '깔사'다. 1만 원짜리 주식을 100원 더 싸게 9,900원에 사려고 깔사를 한다. 하지만 정말 좋은 주식이라면 매수세가 몰리면서 9,900원까지 빠지지 않고 바로 올라간다. 그렇게 주문은 체결되지 않고 주가는 10,500원으로 오른다. 그러면 '아… 그때 그냥 시장가로 살걸' 하는 후회에 휩싸인다. 조급한 마음에 다시 10,400원에 깔사로 매수를 넣어 보지만, 주가는 11,000원, 12,000원으로 쉼 없이 상승한다. 이렇게 되면 "이건 내 종목이 아니야"라며 자포자기한다. 100원을 아끼려다 못 산 주식은 2배 이상 상승한다. 혹은 뒤늦게 추격 매수하다 물려서 "잘못 샀네"라며 손해를 본다.

- **시장가 첫 매수:** 성공적인 투자 습관의 시작
- **첫 진입:** 총 투자금의 20%를 시장가로 즉시 매수하라. 100만 원을 투자할 계획이라면 20만 원을 먼저 사는 거다. 이렇게 하면 '지금이라도

살걸' 하는 후회에 갇히지 않고, 일단 투자라는 행동을 시작할 수 있다.

- **상승 추세 시 추가 매수:** 첫 매수 이후 주가가 상승하면 20%씩 추가로 매수하라. 주가가 5% 올라 10,500원이 되었을 때 20만 원을 추가로 사면, 평단가는 10,250원이 된다. 주가는 올랐지만 여전히 수익 구간에 있어 심리적인 안정감을 느낄 수 있다. 또 주식이 상승 추세를 탈 때 보유량을 극대화할 수 있다.

- **하락 시 리스크 관리:** 반대로 첫 매수 후 주가가 떨어진다면? 총 투자금의 20%만 투자했기 때문에 심리적으로 크게 흔들리지 않는다. "아직 살 기회가 더 있네"라는 여유를 가질 수 있다. 단순히 손실을 줄이려는 감정적인 물타기가 아니라 애초에 계획했던 분할 매수의 두 번째 단계에 진입하는 것이다. 주가가 5% 하락했을 때 20%를 추가 매수하면 평단가는 10,000원에서 9,750원으로 낮아진다. 주가는 떨어졌어도 오히려 더 저렴하게 주식을 모아 가는 과정이 된다.

반대로 잘못 본 주식이라면 손절하고 해당 기업의 펀더멘털을 다시 점검하면 된다. 이처럼 시장가 분할 매수 전략은 '불타기'로 수익을 극대화하고 '계획적인 물타기'로 평단가를 낮춰 리스크를 관리할 수 있게 해 준다.

# 왜 불타기는 어려울까?

투자자라면 누구나 한 번쯤 마주하는 딜레마가 있다. 주가가 하락할 때는 추가 자금을 투입해 물타기를 쉽게 시도하지만, 주가가 상승할 때는 불타기를 주저한다. 이 행동은 우연이 아니라 인간 심리에서 비롯된다. 먼저 두 가지 개념을 명확히 하자. 물타기는 주가가 떨어질 때 추가 매수해 평균 매입 단가를 낮추는 전략이다. 반대로 불타기는 주가가 오를 때 추가 매수해 포지션 비중을 늘리는 행위다.

## 물타기가 쉬운 이유

주가가 하락할 때 물타기가 자연스러운 이유는 이미 보유한 주식에 강한 애착이 생기기 때문이다. 심리학에서 말하는 소유 효과다. 소유 효과란 사람들이 어떤 자산을 소유하고 있다는 이유만으로 그 가치를 실제보다 과도하게 평가하는 현상이다. 이를테면 A라는 주식을 10만 원에 샀는데 가격이 8만 원으로 떨어졌다고 가정해 보자. 이때 투자자는 계속 좋은 뉴스만 찾아보면서 물타기를 하고, 낮아진 평단을 보면서 스스로 위안한다. 소유 효과가 작용한 결과다.



주식으로 부자됩시다

만약 이 주식을 처음부터 보유하지 않았다면 어떨까? 하락하는 주식을 사는 건 위험하다고 여겨 매수를 피할 가능성이 크다. 실제로 사람들은 자신이 소유한 물건을 팔 때 사려는 가격보다 2배 이상 높은 가격을 요구하는 경향이 있다. 언뜻 물타기는 합리적인 선택처럼 보이지만, 이 과정은 더 깊은 구덩이로 빠지는 자충수가 되기 쉽다. 오를 주식이라면 추세를 타고 이미 고공행진하기 때문이다.

## 불타기가 어려운 이유

반대로 주가가 상승할 때 불타기가 어려운 이유는 초기 매수 가격에 고정되는 앵커링과 자신의 결정을 과도하게 확인하려는 확증편향 때문이다. 첫 매수 가격은 투자자의 무의식에 강한 기준점으로 남는다. 그래서 그보다 비싼 가격에 추가 매수를 하려니 괜히 손해 보는 느낌이 든다. 주가가 오르면 투자자는 '이미 비싸졌는데, 더 사면 위험하지 않을까?'라고 생각한다. 상승 시 추가 매수를 새로운 위험으로 느낀다.

가령 B 주식을 10만 원에 샀는데 15만 원으로 올랐다고 치자. 벌써 50%가 올랐다. 이때 불타기를 하려면 "더 오를 가능성이 크다"는 확신이 필요하다. 하지만 대부분의 투자자는 초기 가격(10만 원)에 앵커링(고정)되어 "이미 50% 올랐으니 떨어질 것 같은데. 너무 비싸" 하면서 하염없이 바라만 본다. 그러는 사이 주가는 더 오른다. 이때 대체로 초기 투자금이 너무 적어서 주가가 올라도 기쁘지 않다.

평단가가 높아지더라도 계속 오를 주식이라면 비중을 늘려서 수익을 극대화시켜야 한다. 수익률이 중요한 게 아니라 수익금이 중요하기 때문이다. 실제로 성공한 투자자들은 불타기를 통해 승자 주식의 비중을 늘리지만, 일반 투자자들은 이 편향 때문에 2배, 3배 가는 주도주를 놓치고 만다.

## 어떻게 행동해야 할까?

이런 심리적 편향은 주식 투자를 하는 내내 반복된다. 이걸 극복하려면 나만의 기준을 세워야 한다. 매수 전에 불타기와 물타기 기준을 정해 놓기를 권한다. 예를 들어 주가가 20% 오르면 10% 추가 매수. 그리고 보유 주식을 처음 보는 관점에서 다시 분석한다. 실적은 계속 좋아지는지, 시장 분위기는 어떤지, 경쟁자가 출현하는지 등 꾸준히 추적 및 관찰해야 한다.

주식으로 183억 원을 번 일본의 후지모토 시게루藤本 茂(일명 시게루 할아버지)의 1:2:6 불타기를 살펴보자. 시게루 할아버지는 이 주식은 괜찮아 보인다고 생각하면 우선 1,000주 정도 사 보고,


주식으로 부자됩시다

'역시 괜찮군'이라는 생각이 들면 2,000주를 더 산다. 그리고 이건 반드시 이길 수 있다는 생각이 들면 추가로 6,000주를 사는 매매법을 쓴다. 매도도 같은 방식으로 한다. 다만 시계루 할아버지 같은 슈퍼 개미는 1,000주를 살 수 있지만 일반 개인 투자자는 그렇게 하기 어렵다. 그래서 1만 원짜리 주식이 최종 2만 원까지 간다고 가정하고 시뮬레이션해 봤다.

### 단계별 매수 후 누적 평단가

| 단계 | 매수 수량(개) | 매수 가격(원) | 누적 수량(개) | 누적 투자금(원) | 평단가(원) |
|---|---|---|---|---|---|
| 1 | 100 | 10,000 | 100 | 1,000,000 | 10,000.00 |
| 2 | 200 | 12,000 | 300 | 3,400,000 | 11,333.33 |
| 3 | 600 | 15,000 | 900 | 12,400,000 | 13,777.78 |

### 최종 수익 구조(주가 2만 원 도달 시)

| 총 매수 수량(개) | 총 투자금(원) | 최종 주가(원) | 수익금(원) | 수익률(%) | 최종 평단가(원) |
|---|---|---|---|---|---|
| 900 | 12,400,000 | 20,000 | 5,600,000 | 45.16 | 13,777.78 |

- **수익금:** 560만 원

- **수익률:** 45.2%

- **최종 평단가:** 1만 3,778원

이번에는 총 투자금 1,000만 원으로 10%, 20%, 60%의 금액 비율로 불타기한 결과다.

**단계별 매수 후 누적 평단가**

| 단계 | 매수 수량(개) | 매수 가격(원) | 누적 수량(개) | 누적 투자금(원) | 평단가(원) |
|---|---|---|---|---|---|
| 1 | 100 | 10,000 | 100 | 1,000,000 | 10,000.00 |
| 2 | 166 | 12,000 | 266 | 2,992,000 | 11,248.12 |
| 3 | 400 | 15,000 | 666 | 8,992,000 | 13,501.50 |

**최종 수익 구조(주가 2만 원 도달 시)**

| 총 매수 수량<br>(개) | 총 투자금<br>(원) | 최종 주가<br>(원) | 수익금<br>(원) | 수익률<br>(%) | 최종 평단가<br>(원) |
|---|---|---|---|---|---|
| 666 | 8,992,000 | 20,000 | 4,328,000 | 48.13 | 13,501.50 |

- **수익금**: 432만 8,000원

- **수익률**: 48.1%

- **최종 평단가**: 1만 3,501원

투자금을 기준으로 하든 주식 수를 기준으로 하든 수익률은 점점 줄어도 수익금이 느는 결과가 나온다. 여기서 얻는 교훈은 분명하다. 시장에서 성공하는 힘은 정보력이나 테크닉이 아니다. 그것은 인간 본능을 얼마나 제어하고 규율 있는 행동을 지속할


주식으로 부자됩시다

수 있는가에 달려 있다. 불타기를 망설이는 순간, 시장의 가장 큰 보상은 이미 멀어진다. 감정이 아닌 데이터와 규율 위에 투자 전략을 세워야 비로소 시장에서 살아남을 수 있다.

## 망설임의 대가

투자에서의 망설임이 어떤 결과로 이어졌는지를 2020년 전 세계 주식 시장을 예로 들어 살펴보자. 2020년 1~2월, 코스피와 S&P 500 지수는 각각 2,277포인트와 3,386포인트로 고점을 찍었다. 하지만 코로나19 확산과 함께 폭락이 시작됐다. 한 달여 만에 코스피 약 37%, S&P 500 약 35%가 순식간에 떨어졌다. 더 떨어지길 기다리며 망설이던 투자자들은 지수가 이미 올라온 6월이 되어서야 뒤늦게 시장에 진입했다. 겨우 몇 달 망설인 대가로 코스피의 약 46%, S&P 500은 약 38%의 상승분을 놓쳐 버린 것이다.

3월 폭락 장에서 소액이라도 일단 행동한 사람들은 어땠을까? 그들은 시장이 회복되는 과정을 직접 경험하며 자신감을 얻었고, 추가 매수(불타기)로 수익을 극대화했다. 결국 투자에서 승부를 가르는 건 정보도, 분석도 아니다. 행동이다. 그리고 첫 행동의 문턱을 낮추는 방법이 바로 시장가 매수다.

에어비앤비의 시작은 80달러짜리 에어매트리스였다. 완벽함은 출발선에 있지 않다. 출발한 뒤에 다듬어지는 것이다. 시장에 과감하게 발을 담근 사람만이, 진짜 시장을 이길 수 있다.

## [참고] 부동산은 어떨까?

부자들의 공통점은 첫 집을 가격이 바닥일 때가 아니라, 내 형편이 되는 때 샀다는 것이다. 그들은 일단 시장에 발을 들였다. 전세 대출을 최대한 끌어 쓰고, 내 돈을 조금 보태서라도 살 수 있으면 첫 집을 샀다. 서울 강남이 아니더라도, 대출을 감당할 수 있는 한도 내에서 서울 외곽이나 경기도권이라도 내가 살 수 있는 곳부터 시작했다. 그리고 집값이 오르는 흐름 속에서 리모델링하고, 대출을 갈아타고, 현금 흐름을 개선하며 부를 키웠다.

반면 완벽한 타이밍을 기다리던 사람들은 시장이 이미 오른 뒤에 "지금은 너무 비싸다"며 발만 동동 구른다. 그렇게 5년, 10년이 지나 결국 더 비싼 가격에 산다. 혹은 아예 내 집 마련의 기회를 놓치고 만다. 부동산 시장에서도 일단 내가 살 첫 집은 과감하게 지르고 봐야 한다.


주식으로 부자됩시다

# 6

# 반토막 난 주식 손절할까, 버틸까

JOURNEY TO WEALTH

무엇을 해야 할지 모를 때는, 당신의 가치관이
무엇인지 확인하라. 가치관이 뚜렷하면 결정은 쉬워진다.

- 로이 디즈니

# 반 토막 난 주식은 어떻게 해야 할까?

숫자는 차갑고 잔인하다. 마이너스 50%, 반 토막이 났다. 처음엔 그냥 멍해진다. 모니터 속 차트를 바라보다가 저절로 한숨이 새어 나온다. "내가 그때 왜 그랬을까? 왜 그때 팔지 않았을까? 왜 이렇게 될 때까지 가만히 있었을까? 바보 같은 놈." 폭풍 같은 자책감이 가슴을 후벼 판다. 그런데 더 어이없는 것은 정작 뭘 믿고 그렇게 많이 샀는지도 잘 모르겠다는 것이다. 기억을 더듬어 보면 유튜브에 나온 누구의 영상인 것 같기도 하고, 남들은 다 돈 버는데 이거 안 사면 나만 바보 되는 것 같은 불안감FOMO에 휩쓸렸던 것 같기도 하다.

-20% 땐 그래도 버틸 만하다. "이 정도 조정은 있을 수 있지" 하면서 스스로를 다독인다. 하지만 -30%, -40% 손실이 커질수록 마음은 불안해지고 희망은 절망으로 변해 간다. 그리고 -50%가 되면 그냥 모든 걸 내려놓는다. "될 대로 되라." 주식 계좌 화

면을 꺼 버린다.

잠깐만 현실을 직시해 보자. -50%면, +100%가 되어야 간신히 본전이다. 1만 원짜리 주식이 5,000원이 되었다가 다시 1만 원이 되려면 정확히 2배가 올라야 한다는 뜻이다. 2배 상승이 과연 가능할까? 복구하는 데 또 얼마나 많은 시간이 걸릴까? 가슴이 답답해진다.

## 폭락의 이유를 찾아라

이제 폭락의 이유를 찾아야 한다. 왜 떨어졌는지를 모르면 앞으로도 똑같이 당한다. 주가 하락은 크게 외부 환경에 의한 일시적인 충격과 기업 내부의 구조적 문제로 나눌 수 있다.

### 외부 환경에 의한 일시적 충격

외부 충격은 기업 자체에는 아무 문제가 없는데 금리, 전쟁, 유가, 환율, 긴축 같은 외부 변수가 갑자기 악화되면서 전체 시장이 흔들리는 경우다. 이럴 땐 좋은 기업, 나쁜 기업 가리지 않고 떨어진다. 주식 시장은 본질적으로 감정에 따라 움직이기 때문이다. 그러다 보니 펀더멘털에는 아무 문제가 없는 기업도 폭락하는 사례가 수두룩하다.

예를 들어 2022년 초, 미국 연준은 인플레이션을 잡기 위해 초고속 금리 인상에 들어갔다. 시장은 패닉에 빠졌다. 특히 미래에 대한 기대감으로 올라왔던 성장주들이 가장 먼저 무너졌다. 테슬라는 2021년 고점 약 409달러에서 2022년 말 109달러까지 추락했다. 무려 70% 하락이다. 엔비디아도 2021년 346달러에서 2022년 10월 108달러까지 떨어지며 70% 가까이 하락했고, 메타 역시 고점 대비 76% 급락했다.

성장 기업은 대부분 미래를 위해 돈을 빌려서 투자해야 하는 구조다. 금리가 오르면 자금 조달 비용도 올라간다. 같은 투자를 해도 부담은 더 커지고 수익성은 나빠진다. 그러면 시장은 또 외면한다. 게다가 투자자들 심리도 달라진다. "요즘은 금리를 5% 이상 주는데 굳이 이런 불확실한 종목을 들고 있을 필요가 있어?" 이렇게 생각하며 성장주부터 먼저 팔고, 안정적인 배당주나 가치주로 갈아타기 시작한다.

하지만 본질은 무너지지 않는다. 시장이 공포에서 서서히 벗어나고, 금리가 고점에서 멈추거나 내려가기 시작하면 사람들은 다시 기초체력이 강한 기업들을 찾기 시작한다. 그리고 그 기업들은 사상 최고가를 돌파하며 더 강하게 날아오르기도 한다. 테슬라,


주식으로 부자됩시다

엔비디아가 그랬다.

외부 충격은 금리뿐만이 아니다. 금융 시장에 큰 충격을 주는 건 언제나 돈의 방향이 바뀌는 순간이다. 2024년 7월 31일, 일본은행이 17년 만에 기준금리를 기존 0~0.1%에서 0.25%로 올렸다. 추가 인상 가능성까지 언급되면서 엔화가 빠르게 강세로 돌아섰다. 이 말 한마디에 30년 이상 유지되어 온 엔캐리 트레이드가 무너졌다. 엔화로 돈을 싸게 빌려 신흥국 자산에 투자하던 글로벌 자금이 갑자기 방향을 바꿔 원래 자리로 되돌아가기 시작한 것이다. 자금이 빠르게 청산되면서 아시아 시장은 통째로 흔들렸다.

## 엔캐리 트레이드

엔캐리 트레이드는 일본처럼 금리가 거의 0%인 나라의 화폐를 빌려, 금리가 높은 신흥국 자산에 투자함으로써 금리 차이만큼 수익을 얻는 전략이다. 2024년 8월 5일, 아시아 주요 증시는 그야말로 공황에 가까운 폭락을 겪었다.

- **일본 닛케이225:** -12.4%
- **코스피:** -8.77%

- 대만 가권지수: −8.35%

- 홍콩 H지수: −5.8%(장중 5,771.61포인트까지 하락)

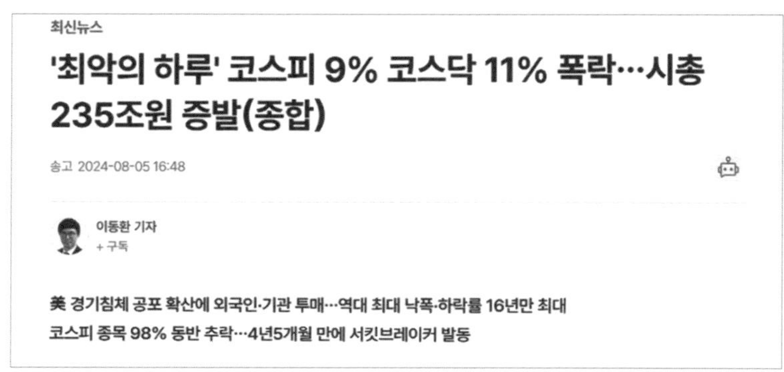

최신뉴스

## '최악의 하루' 코스피 9% 코스닥 11% 폭락…시총 235조원 증발(종합)

송고 2024-08-05 16:48

이동환 기자
+ 구독

**美 경기침체 공포 확산에 외국인·기관 투매…역대 최대 낙폭·하락률 16년만 최대**

**코스피 종목 98% 동반 추락…4년5개월 만에 서킷브레이커 발동**

실적이 안 좋아진 것도 아니고, 갑자기 전쟁이 난 것도 아니었다. 단지 돈이 빠져나갔다는 이유만으로 주식 시장이 무너진 것이다. 실적이 안정적인 우량주들도 예외는 없었다. 기업 자체엔 아무 변화도 없었지만, 그날 시장에서 중요했던 건 기업의 본질이 아니라 자금의 흐름이었다. 설상가상으로 악재도 겹쳤다. 미국 경기 침체 우려, AI 관련주 거품 논란, 중동 지정학 리스크까지 동시에 터지며 시장 전체가 한순간에 공포에 휩싸였다. 이 역시 마찬가지다. 기업이 망한 게 아니라 시장이 놀란 것뿐이다. 자금이 이동한 것이지 기업 가치가 사라진 것은 아니다.

이처럼 외부 충격은 언제든 갑작스럽게 닥친다. 그리고 그 충격은 종종 본질과 아무 관련이 없다. 기업이 멀쩡한데도 무너지는 이유는 딱 하나다. 심리가 무너지기 때문이다. 그러니 외부 충격으로 주가가 폭락했다고 해서 주식을 서둘러 매도할 필요가 없다. 오히려 이럴 때는 무섭지만 매수 버튼을 눌러야 한다. 공포의 크기만큼 수익으로 돌아오기 때문이다. 우리의 주식 선생님 피터 린치도 강조했다. "주가가 25% 하락했을 때 더 사지 못하고 오히려 팔고 싶다는 생각을 버리지 못한다면 주식에서 제대로 수익을 낼 수 없다."

## 시클리컬 기업

경기에 따라 실적이 크게 출렁이는 시클리컬 기업들이 있다. 대표적으로 반도체, 화학, 조선, 철강이 그렇다. 이런 기업들의 주가는 파도처럼 오르내린다. 호황기에는 이익이 몇 배로 뛰고 불황기에는 적자로 돌아선다. 그에 따라 주가도 같이 춤춘다. 예를 들어 반도체 장비의 세계 최강자 램리서치Lam Research와 어플라이드 머티어리얼즈Applied Materials와 메모리 최강자 삼성전자, SK하이닉스도 경기 불황기에는 주가가 반 토막이 났다. 하지만 산업이 회복되면 항상 신고가를 내면서 돌아왔다. 단, 이들의 공통점은 세계 시장을 주도하는 1등 기업이라는 사실이다.

경기 사이클은 다시 돌아오고 수요는 살아난다. 그리고 시장에서 가장 먼저 살아나는 건 압도적인 기술력과 지배력을 가진 회사다. 그래서 이런 기업은 타이밍을 잘못 잡아 고점에 물렸더라도 시간이 지나면 결국 회복한다. 시간이 넉넉한 투자자라면 손절할 이유가 없다. 오히려 기다릴 수 있다면 더 높은 수익으로 돌아오는 경우가 많다.

## 기업 내부의 구조적 문제

문제의 원인이 기업 내부라면 이야기가 완전히 달라진다. 이건 시스템이 고장 난 상태다. 기다린다고 해결되지 않는다. 기다리면 기다릴수록 머리만 빠진다. 예를 들어 어떤 회사가 기술 경쟁력을 잃고 새로운 트렌드를 따라가지 못하고 시장점유율이 계속 줄고


주식으로 부자됩시다

있으며 수익성마저 악화되고 있다면 기업의 경쟁력 자체가 붕괴 중인 상태다.

대표적인 예가 인텔이다. 한때 전 세계 반도체의 제왕이었지만, 2020년 이후 제조 공정 전환 실패, TSMC 대비 기술력 열세, 그리고 애플, AMD 등 주요 고객의 이탈로 인해 완전히 중심에서 밀려났다. 데이터센터·AI 시장이 급성장하는 와중에, 인텔은 점점 뒤처진 이름이 되어 버렸다. 최근 5년을 놓고 보면 2021년 62달러 고점을 찍고 2025년 7월 22달러까지 빠졌다. 반도체 제국을 호령하던 거함은 이제 태평양 심해의 어둠 속에서 길을 잃고 헤매고 있다.

또한 패러다임을 못 따라가는 회사와도 이별을 준비해야 한다. 변화에 적응하지 못한 기업은 절대 살아남을 수 없다. 대표적인 사례가 시어스Sears와 JC페니JC Penney다. 한때 미국 유통의 상징이던 두 회사는 100년이 넘는 역사를 자랑하던 오프라인 백화점 왕국이었다. 하지만 온라인 쇼핑 시대가 도래했을 때 이들은 "매장이 있어야 장사야"라는 과거의 공식을 고수했다. 그 결과 시어스는 2018년, JC페니는 2020년 파산 보호를 신청하며 몰락했다. 판이 바뀌었는데도 룰을 바꾸지 않았기 때문이다. 결론적으로 시대의 흐름을 읽지 못하고 기술과 트렌드 변화에 따라가지 못하는 기업은 아프더라도 과감히 손절해야 한다.

# 결단하자



투자에서 가장 먼저 해야 할 일은 왜 떨어졌는지를 파악하는 것이다. 외부 충격 때문이라면 좋은 기업은 다시 날아오를 수 있다. 공포는 지나가고 기회는 다시 찾아오기 때문이다. 반면 기업 자체가 무너지고 있다면 그건 침몰하는 배에 남아서 바보같이 버티는 것과 같다. 시장은 시간이 지나면 반드시 회복한다. 하지만 무너진 기업은 다시 일어나지 못한다.

주식으로 부자됩시다

# 냉탕과 온탕 사이, 내가 받은 진짜 '선물'

2024년 11월, 김이 모락모락 올라오는 사우나 안이었다. 그와 나는 발가벗은 상태였다. 나는 옆에 앉은 그를 조심스럽게 바라봤다. "저… 저기… 근데요." 그러자 그는 큰 눈으로 나를 쳐다봤다. 입이 쉽게 떨어지지 않았다. 괜히 이 말을 꺼냈다가 아직 멀었다는 핀잔이라도 들으면 어쩌나 하는 걱정이 앞섰다. 하지만 그는 계속 말해 보라는 듯 아무 말 없이 나를 기다려 주었다. 나는 가슴속에 꾹꾹 눌러 담았던 말을 겨우 꺼냈다. "저 혹시… 지금이 선물해야 하는 타이밍 아닐까요?"

나는 자칫하면 원금 이상을 잃을 수도 있는, 주식 시장에서 가장 위험한 영역인 '선물futures' 이야기를 꺼낸 것이다. 잠시 정적이 흐를 때까지만 해도 내 머릿속은 괜히 말했다는 후회로 가득했다. 하지만 그는 미소를 지으며 답했다. "당연히 해야지."

'휴우.' 그를 알게 된 지도 어느덧 3년. 그는 매사에 긍정적이고 열려 있는 사람이다. 내가 어떤 질문을 던져도 그는 투자가 무엇인지, 주식이 무엇인지, 사람은 언제 어떻게 돈을 벌고 잃는지에 대한 지혜를 아낌없이 건넸다. 그것도 매번 맛있는 밥까지 사 먹여 가면서 말이다.

뜨거운 한증막을 나와 이번에는 냉탕으로 들어갔다. 차가운 냉기와 함께 흥분이 조금 가라앉았다. 그가 물었다. "주식에서 제일 안전한 게 뭔지 알아?" 기습적인 질문에 대답이 망설여졌다. "음… 글쎄요." 그러자 그가 답했다. "바로 지수야. 우리나라가 망하지 않는 이상 지수는 망하지 않는다. 그리고 특정 지수 밑에서 지르면 무조건 먹는 거야."

그는 선물의 비기를 아주 간단하게 설명했다. 사실 '특정 지수 밑에서 지르면 무조건 먹는다'는 말은 수도 없이 들었었다. 나는 그 지수대를 확인하려 과거 기록을 찾아보기도 했었다. 그의 말이 맞았다. 그때는 눈 감고 지르고 기도했어야 하는 자리였다.

그런데 왜 지금까지 하지 않았을까? 나는 '보수적인 투자자'였기 때문이다. '그러다 거기서 더 빠질 수도 있는데? 깨지면 어떡해?' 워런 버핏 옹도 강조하지 않았나. 첫 번째 원칙은 절대 돈을 잃지 않는 것이고, 두 번째 원칙은 첫 번째 원칙을 절대 잊지 않는 것이라고. 그렇다. 어른 말을 잘 들으면 자다가도 떡이 생긴다고 했다. 그래서 '버핏 할아버지 말을 잘 들어야지'라고 다짐했었다.

말은 참 좋다. 보수적은 무슨. 나는 그냥 공포에 질린 겁쟁이에 불과했다. 지표를 확인했음에도 쫄아서 실행을 못 한 것뿐이었다. 그날은 달랐다. 왜였을까? 중년의 사내 둘이 발가벗은 채 있어서 흥분했기 때문일까? 아니면 그동안 작은 수익들을 맛보며 쌓인 근거 없는 자신감 때문이었을까? 정확히는 모르겠다. 다만 지금 이 기회를 놓치면 평생 후회할 것 같다는 직감이 온몸을 휘감았다.

그는 차가운 냉탕 속으로 깊숙이 몸을 집어넣었다. 3초간 수면에서 사라졌다 다시 올라오고는 머리를 쓸어올리며 나를 빤히 바라봤다. "내가 돈 줄 테니까 보태서 한번 해 봐라." 나는 갑작스런 제안에 당황했다. "아니, 무슨 말씀이세요?" 하지만 그는 평소와 같았다. "잃어도 되니까 한번 해 봐."

나는 그에게 내가 그 무시무시한 판을 감당할 만한 그릇이 되는지, 지금이 적절한 진입 시점인지를 물었을 뿐인데 돈을 줄 테니까 해 보라고? 그도 흥분한 것이었을까? 그는 나아갈 방향을 일러 주는 것을 넘어, 내가 더는 망설이지 못하게 아예 자신의 자금까지 얹어 나를 실전 판 위에 올려놓았다. 감사하다는 말밖에 나오지 않았다. 내가 살면서 인덕을 쌓은 것도 아닌데, 그는 내게 인덕이 무엇인지 온몸으로 가르쳐 주고 있었다.

그날을 기점으로 내 투자 인생은 완전히 달라졌다. 관중석의 구경꾼에서, 피 튀기는 링 위로 올라온 진짜 투사가 된 것이다.

## 교훈 1: 이벤트로 폭락이 오면 이렇게 대응하라

호기롭게 링 위에 올라서자마자 핵 펀치를 한 대 맞았다. 누구도 예상치 못했던 계엄이 터진 것이다. 주식 시장은 그 충격에 그대로 노출되어 요동쳤다. 난생처음 경험하는 하루 최대 낙폭이었다. 화면 속 숫자가 바뀔 때마다 피 같은 돈이 수백만 원씩 증발했다. 왜 하필 내가 들어오니까 이런 일이 터지는 걸까. 재수도 없지, 참.

그렇다고 한탄할 겨를이 없었다. 조금이라도 빨리 정신 차려야 했다. 안 그러면 반대매매를 당할 수도 있었다. 주식 시장에는 세 가지 유형의 하락장이 있다. 구조적, 순환적, 그리고 이벤트 기반 약세장. 이번 하락은 분명 이벤트 기반 약세장이었다.

그때였다. "특정 이벤트로 인한 급락은 오히려 기회다." 그의 가르침이 떠올랐다. "그래, 맞아." 막상 이렇게 외쳤어도 덜컥 겁이 났다. 이러다 더 빠지면 계좌가 깡통이 날 수도 있으니까. 그런 고민에 빠져 있을 때 그에게 연락이 왔다. "돈 넣었으니 일단 막아라. 그리고 이럴 때 하나 더 들어가는 거다."

그는 내 위기를 이미 알고 있었다. 감사함에 마음이 또 울컥했다. 그가 빌려준 것은 단순한 증거금이 아니었다. 내가 나를 믿지 못할 때 나를 믿어 준 확신이었다. 다행스럽게도 지수는 12월 9일, 저점을 찍고 반등했다. 특정 이벤트로 지수가 빠질 때 어떻게 대응해야 하는지 몸소 배운 순간이었다.

## 교훈 2: 자금 관리가 부자를 만든다

위기를 넘기자 새로운 세상이 보였다. 나는 지수보다 강하게 튀어오르는 종목을 잡아내는 데 자신 있었다. "저… 이 종목들 무지 좋아 보이는데요. 사야 할 것 같습니다." 섹시해 보이는 종목들을 골라 그에게 보냈다. "종목 좋네. 그럼 지수 포지션 줄이고 개별 주식 선물도 해 봐라. 레버리지를 써서 가장 강한 놈을 때려잡는 거다." 그렇게 그는 또 한 번 새로운 문을 열어 주었다. 더불어 지수 포지션을 줄이라는 위험 관리까지 가르쳐 주었다.

초심자의 행운처럼 처음에는 매수하는 것마다 수익이었다. 자신감이 붙자 비중을 늘렸다. 그러나 꽃피는 3월의 봄바람도 잠시, 계엄보다 더 큰 악당 도널드 트럼프가 나타났다. 그는 관세를 무기로 전 세계를 협박했다. 3월 말 2,654였던 코스피 지수는 불과 2주 만에 2,284로 14%나 폭락했다. 각종 방송에서는 1,800까지 빠질 수 있다는 비관론이 득세했다. '트럼프, 이 빌어먹을…'

다시 반대매매의 공포가 엄습했다. 내 의지와 상관없이 계좌가 찢겨 나갈 수도 있는 순간이었다. 하지만 이번엔 달랐다. 계엄이라는 지옥을 한 번 건넜기 때문이다. 나는 차오르는 공포를 누


주식으로 부자됩시다

르며 침착하게 움직였다. 가용할 수 있는 모든 현금을 긁어모으고, 삼성전자 주식까지 담보로 밀어 넣었다. 그리고 기도했다. "제발… 살려 주세요, 럼프 형…."

4월 9일, 트럼프가 관세 유예를 발표했다. 멈췄던 심장이 다시 뛰기 시작했다. 차갑게 식었던 전 세계 시장에 그제야 뜨거운 피가 돌기 시작했다. "왜 바보같이 자금 관리를 더 확실하게 못 했을까? 이럴 때 현금 비중만 좀 더 있었어도 좋은 종목들을 헐값에 쓸어 담으며 수익을 극대화했을 텐데." 나는 자책했다.

그는 입버릇처럼 '자금 관리'와 '수비'를 강조했다. 이것이 부자와 빈자를 만드는 핵심 요소인데 난 실패하고 말았다. 자금 관리가 얼마나 중요한지, 그리고 잘될 때 더 조심해야 한다는 걸 뼈저리게 깨달은 순간이었다.

## 교훈 3: 폭격이 잠잠해지면 가장 먼저 치고 나가는 선수를 잡아라

폭풍이 지나간 자리는 기회의 땅이었다. 지수가 빠질 때는 아무리 좋은 종목이라도 같이 무너진다. 시장의 선수들이 쓴 레버리지가 기계적인 손절을 부르고, 그 손절이 다시 투매의 연쇄반응을 일으키기 때문이다. 그 공포 앞에서는 우량주도 맥없이 무너질 수밖에 없다.

그러나 폭격이 잠잠해지면 가장 먼저 고개를 드는 선수가 반드시 나타난다. 펀더멘털이 아니라 시장 상황 때문에 억울하게 빠진 종목들이다. 다시 공격할 시간이 왔다. 나는 재빨리 빌빌대는 종목들을 쳐내고, 가장 강한 놈들을 계좌에 영입했다. 시퍼렇게 멍들었던 계좌가 마치 가을 산의 단풍처럼 붉고 아름답게 물들기 시작했다.

문득 궁금해진다. 그는 내가 선물을 해 보겠다고 했을 때 왜 말리기는커녕 내 손에 돈까지 쥐어 주며 등을 떠밀었을까? 나는 아직도 그 정확한 이유를 모른다. 언젠가 슬쩍 물어볼까 싶다가도, 묻지 않고 가만히 그 마음을 간직하는 것이 더 나을 것 같다는 생각이 든다. 아마도 그는 알고 있었을 것이다. 진짜 '선수'가 되려면 책상 앞의 이론이 아니라, 피 말리는 실전을 직접 경험해 봐야 한다는 것을. 그리고 그 지옥 같은 변동성을 견딘 사람만이 비로소 '선수'라는 이름을 얻는다는 것을.

내가 이 책의 집필에 참여할 수 있었던 것은 온전히 그의 덕이다. 아무 대가 없이 주식의 지혜를 건네고, 내가 흔들릴 때마다 묵묵히 등을 밀어 주었던 나의 스승님. 그에게 이 자리를 빌려 깊은 존경과 감사의 마음을 전한다.

그가 내게 준 것은 단순히 수익을 내는 기교가 아니다. 평생


주식으로 부자됩시다

흔들리지 않을 투자의 원칙과 시장 앞에서 항상 겸손해야 한다는 태도다. 그 가르침은 수익률이라는 숫자보다 훨씬 귀한, 시장에서 평생 살아남을 수 있는 가장 강력한 무기이자 '용기'라는 자산이 되었다.

시장은 우리를 언제든 벌거숭이로 만들 수 있다. 하지만 이 책에 담긴 '투자의 기본기'가 무방비로 노출된 당신을 지켜 줄 든든한 갑옷이자 어두운 밤길을 밝혀 주는 단단한 길잡이가 되리라 확신한다.

누구나 돈을 벌고 싶어 하지만 아무나 살아남지는 못하는 곳이 주식 시장이다. 앞으로 당신의 투자 여정에도 예고 없는 폭풍우가 몰아칠 것이다. 그때마다 이 책이 당신의 흔들리는 마음을 다잡아 주는 나침반이 되고, 계좌를 지켜 내는 마지막 보루가 되기를 진심으로 바란다.

이제 당신이 행동할 차례다. 두려워하지 마라. 시장은 이미 당신에게 '위기'라는 이름의 탈을 쓴 '기회'로 다가오고 있다. 그 탈을 벗기고 기회의 본모습을 마주할 준비가 된 당신에게, 이 책이 최고의 승전보를 안겨 주는 동반자가 되길 기원한다.

임성민

세상을 더 나은 곳으로 변화시킨 주체는
일종의 사명감으로 똘똘 뭉친 소규모 집단들이었다.

-피터 틸